本书获得江西省高校人文社科项目"生产性服务业集聚与制造业升级研究——江西省为例"(GL19145)、江西省2021年社科规划项目"'双链'驱动江西省航空产业集群价值链高端攀升机理及发展对策研究"（21YJ26D）、南昌航空大学博士启动基金"全球价值链下制造业企业升级研究"（EA202009395）的资助

中国代工企业价值链高端攀升的机理研究

RESEARCH ON MECHANISM FOR GLOBAL VALUE CHAIN DIVISION ASCENDING HIGH-END OF CHINESE OEM

于锦荣 ◎ 著

经济管理出版社

ECONOMY & MANAGEMENT PUBLISHING HOUSE

图书在版编目（CIP）数据

中国代工企业价值链高端攀升的机理研究/于锦荣著 . —北京：经济管理出版社，2022.7

ISBN 978-7-5096-8643-0

Ⅰ.①中… Ⅱ.①于… Ⅲ.①加工企业—企业发展—研究—中国 Ⅳ.①F426

中国版本图书馆 CIP 数据核字（2022）第 133404 号

组稿编辑：杜　菲
责任编辑：杨国强
责任印制：黄章平
责任校对：陈　颖

出版发行：经济管理出版社
　　　　　（北京市海淀区北蜂窝 8 号中雅大厦 A 座 11 层　100038）
网　　址：www.E-mp.com.cn
电　　话：(010) 51915602
印　　刷：唐山昊达印刷有限公司
经　　销：新华书店
开　　本：720mm×1000mm/16
印　　张：15.5
字　　数：223 千字
版　　次：2022 年 10 月第 1 版　　2022 年 10 月第 1 次印刷
书　　号：ISBN 978-7-5096-8643-0
定　　价：88.00 元

前　言

中国面临着百年未有的新形势，在国家双循环的背景下，中国代工企业面临着新的发展机遇和挑战。随着国际经济形势的变化，中国企业逐步失去了国际范围内生产制造成本的比较优势，基于资源优势的代工企业失去了发展动力。跨国企业通过已有的势力将代工企业牢牢地锁定在价值链的低端环节，代工企业仅凭借贴牌生产制造能力方面的一技之长，很难缩小与跨国企业的差距，不能实现全方位追赶、摆脱低端锁定的局面。有关代工企业的研究成为政府、学者、企业重点关注的问题：一是微观层面的代工企业生存谜题；二是宏观层面的国家政策系统的铺设。

代工企业在新形势下有严重的生存危机，代工企业升级能否寻找到新的增长点，成为代工企业的发展谜题。在代工企业升级中，政府应起到间接的推动、引导作用，国家及各级政府部门在过去的 30 年间，为企业发展营造了良好的制度环境和发展条件，针对企业与产业制定了大量的政策。2008 年后，政府做了相关的政策引导，如通过制定制度和政策为代工企业升级、改善外部环境，提供升级的必要条件，搭建企业升级的平台。那么，这些政策的制定是否为代工企业的升级提供了切实可行的帮助，从而有效地推动了代工企业的发展？

综上所述，本书主要研究以下几个问题：代工企业升级权力有哪些？受哪些因素影响？构建代工企业推动力的协同作用机制有哪些？

本书在文献综述和诠释相关能力理论的基础上，主要做了以下工作：

（1）从代工企业的发展现状入手，引入权力的概念，重点研究代工企业如何运用权力推动企业升级，着力分析影响代工企业升级的因素、推动力和作用机理，利用扎根理论提炼出推动企业升级的主要动力，构建代工企业"因素—推动力—升级"的机制模型。因代工企业通过技术力、市场力、品牌力的提升形成技术、营销、品牌等方面的控制势力，进而分析影响代工企业升级的内外部环境因素，如组织学习能力、网络能力、知识产权、组织规模、创新能力、企业资源、企业家精神等因素，以及代工企业升级的动态发展路径。

（2）以来自苏州、无锡、中山、深圳、惠州等多地代工企业的 292 份问卷为样本，应用 SPSS 和 AMOS 软件，综合运用信度、效度检验、调节效应、中介效应检验、探索性因子分析、验证性因子分析、结构方程建模等方法，实证分析了代工企业技术力、市场力、品牌力对代工企业功能升级的影响关系。本书从代工企业的技术力、市场力、品牌力"三力"培育的角度提出了代工企业升级的策略。

（3）在以代工企业技术力、市场力、品牌力为自变量，因变量为代工企业功能升级，中介变量为信任关系和制度环境，调节变量为核心能力的显著性验证性因子分析基础上，对代工企业技术力、市场力和品牌力与代工企业功能升级的直接影响效应进行了探讨，并对信任关系和制度环境在代工企业技术力、市场力和品牌力与代工企业功能升级的中介作用进行了研究，同时研究了核心能力在代工企业技术力、市场力、品牌力与代工企业功能升级的调节作用。

（4）研究了代工企业沿着全球价值链升级过程中技术力、市场力、品牌力"三力"协同的发展规律，"三力"协同发展是推动代工企业升级的内在推动力，代工企业"三力"协同呈现出动态演化的规律，在企业发展的不同阶段，因企业发展战略的影响致使力的大小呈现出不均衡性，"三力"合力最大是企业协同发展的目标。"三力"间首先表现为两两之间的互动与相互促进的关系，技术力与市场力的互动，市场力与品牌力的互动，技术力与品牌力的互动，继而受到企业环境中相关因素的影响，致使"三力"之间形成互动，依赖封闭的循环联动模式，形成"三力"螺旋上升的成长曲线。"三力"协同的实现需要依靠代工企业内部诸多要素的协同，企业在战略层面要做好协同，指引企业发展的方向；企业需协调各部门、人员之间的协同，打造学习型组织，消除组织之间的摩擦与抵触；企业应实现人、财、物、资金方面的协同，为"三力"协同发展提供资源保障和支撑；在企业内创造"三力"协同的企业文化，企业通过完善利益（激励）机制、信息（知识）机制、沟通机制来保证企业内部协同行为的实现。

据此，本书得出如下研究结论：

（1）代工企业技术力、市场力、品牌力对企业功能升级的影响，受到企业与网络成员信任关系的调节，但信任关系对技术力与代工企业功能升级的影响并不显著。

（2）制度环境对代工企业推动力与功能升级有调节作用，代工企业的品牌力对代工企业功能升级的作用受到制度环境的调节作用不显著；代工企业核心能力对技术力和市场力对代工企业功能升级的影响具有中介作用显著，代工企业核心能力对品牌力对代工企业功能升级的影响只具有部分中介作用。

（3）"三力"协同互动是代工企业升级的重要推动力，"三力"协同呈现出动态演化的规律，"三力"间表现为两两之间的互动与促进，"三力"在企业内部通过互动形成合力，从而实现推动力的最大化的目的。企业在发展的不同阶段应有效地平衡"三力"发展的状态，以适应内外部环境的变化。

本书的创新点有以下几个方面：

（1）以资源、能力理论为理论基础，创造性地利用扎根理论研究代工企业升级的能力，这一理论补充了代工企业升级的能力理论，为代工企业升级的发展实践提供了理论参考。在此基础上，利用扎根理论研究结果，分析了影响代工企业升级能力的因素，构建了代工企业升级的机理理论模型。扎根理论的引入从研究方法方面提升了理论建构的严密性和科学性。

（2）依从权力的视角形成研究逻辑主线，界定了技术力、市场力、品牌力的内涵，研究代工企业如何在全球价值链上提升"三力"，缩小与跨国企业的差距，摆脱低端锁定的局面，实现代工企业的功能升级。研究了代工企业在全球价值链攀升过程中的企业权力改变关系，分析了代工企业在全球价值链低端锁定状态下的市场力、技术力、品牌力的权力现状、权力的影响因素、升级机理及提升策略。

（3）从系统学角度，引入协同学理论研究代工企业升级的推动力间的动态演化关系，研究"竞争—合作—协调"的能力机制，能力系统与环境之间协调、同步、合作、互补的关系。主要研究了技术力、市场力、品牌力"三力"协同互动机理，"三力"互动的目标，构建"三力"互动模型和"三力"互动路径，深入分析了"三力"两两互动、"三力"协同互动对代工企业功能升级的影响。

目　录

第一章

绪　论

本章简要介绍了全球价值链分工视角下我国代工企业升级的背景，在此基础上指出了本书研究的目的和意义，明确了本书的技术路线和研究方法，确定了本书的主要研究内容及章节安排，最后分析本书可能的创新点。

一、研究背景与问题提出

（一）研究背景

随着制造业东道国的内卷和母国回缩，全球化内在推动力减弱。在新的国内外形势下，党和国家提出从外循环为主转变以内循环为主的双循环新发展格局。中共十九届五中全会提出"双循环"新发展格局，加快构建以国内大循环为主体、国内国际双循环相互促进的新发展格局，将扩大内需作为战略基点，兼顾投资、消费与净出口，深度融入全球价值链并拓展国内价值链。党的十九大报告中明确提出，要促进我国产业迈向全球价值链中高端，培育若干世界级先进制造业集群。在全球价值链分工的背景下，代工企业在中国经济发展中起到了不可替代的作用，随着国际经济形势的变化，全球价值链的代工环节逐渐转移到巴西、越南、缅甸等具有资源优势的国家或地区，而国内基于资源优势的代工企业却失去了发展的动力。跨国企业长期处于价值链的高端环节，通过技术力、市场力、品牌力将代工企业牢牢地锁定在价值链的低端环节，代工企业凭借贴牌生产的制造能力，很难缩小与跨国企业的差距，摆脱低端锁定的局面。代工企业如何提升在市场竞争中的战略地位，在全球价值链分工中实现价值增值，成为学术界、企业及政府关注的热点问题。

1. 跨国企业主导下的全球价值链分工

在产品内分工的全球价值链分工体系中，跨国企业通过在技术创新、市场拓展、品牌推广等方面的优势，把关键技术的研发、操作系统及品牌等活动保留在发达国家完成，将低端生产制造环节通过不同的制度安排到世界不同地区，形成国际生产网络。跨国企业占据价值链的高端环节，支配、控制着价值链，通过利益驱动价值链的形成、发展及在世界不同区域的转移而获取高额利润，低端制造企业则处于"高端产品低端制造"的困境，与跨国企业的势力差距越来越大（戴翔和张二震，2012）。

跨国企业为保持在价值链的高端位置，通过对技术、市场、品牌等方面的力量对发展中国家的代工企业进行封锁与控制，并利用创新能力不断扩大差距，打击和防止发展中国家的追赶及超越，在发展中国家通过以下策略保护其竞争优势：

（1）技术控制策略。技术优势是跨国企业获得市场垄断地位和竞争优势的关键（王雷，2010），跨国企业通过专利与知识产权控制、在发展中国家设立研发机构、吸收发展中国家的高新技术人才，保持在价值链上的技术领先地位，以维持垄断优势。

跨国企业通过专利、标准与知识产权的控制，在世界范围内设置技术壁垒，实行技术保持。跨国企业在发展中国家的专利授权总量逐年上升，且主要集中在核心技术创新能力的发明专利上，专利的总量与规模都高于本土国家，2014~2020年外国企业在中国三种专利申请授权结构比较如表 1-1 所示。

表 1-1　2014~2020 年国内外三种专利申请授权结构比较　　单位：件

	年份	发明授权量	实用新型授权量	外观设计授权量
国内	2014	162680	699971	346751
	2015	263436	868734	464807
	2016	302136	897035	429710
	2017	326970	967416	426442
	2018	345959	1471759	517693
	2019	360919	1574205	539282
	2020	440691	2368651	711559
国外	2014	70548	7912	14825
	2015	95880	7483	17852
	2016	102072	6385	16425
	2017	93174	5878	16554
	2018	86188	7303	18558
	2019	91885	8069	17247
	2020	89436	8572	20359

资料来源：中国国家统计局网站，http://data.stats.gov.cn。

　　跨国企业为了保持创新的核心地位，加速在各地设立独立的研发机构，当前在中国的研发机构类型包括技术转移单位、本地技术单位、全球技术单位、公司技术单位等（肖刚和杜德斌，2014）。截至 2016 年底，北京吸引跨国企业总部企业和研发机构 663 家，上海吸引研发中心 573家，北京市科委累计认定包括默沙东研发（中国）有限公司、戴姆勒大中华区投资有限公司等外商自建研发机构 57 家，北京现代汽车有限公司技术中心等中外合资共建研发机构 22 家。其中，研发机构的投资主体为世界 500 强的外资企业有 15 家。近年来，跨国企业通过控股的方式开始与大学或研发机构合作设立研发中心，跨国企业在中国设立的研发机构吸收了中国大量的优秀人才，每一个研发机构拥有众多来自中国著名学府的博士、硕士毕业生，进一步加强了跨国企业在全球价值链上的技术垄断地位。

（2）市场控制策略。跨国企业利用市场管理方面的经验加强对价值链下游的掌控，通过渠道、仓储物流、营销整合等策略提升其在世界范围内的市场控制能力。有实力的跨国企业会建立自己的销售网络，如手机、医疗器械、汽车等品牌企业对销售的整个环节进行布控，重点是与消费者直接接触的终端网络；通过渠道战略联盟、渠道合作伙伴关系等策略加强渠道的控制，一些跨国零售企业以"自有品牌+大额订单"的方式，迫使国内的中小生产企业放弃营销活动。随着品牌声誉的逐步扩大，跨国企业在渠道管理中广泛使用先进的信息技术手段提高议价能力，通过渠道购买、分享、合作等策略提升渠道控制力。

（3）品牌控制策略。跨国企业拥有强势品牌，这些品牌具有稳固的市场地位和高端的市场形象，可以利用品牌利器提升品牌资产，巩固其在全球价值链上的支配地位。跨国企业通过品牌兼并、品牌收购、品牌联盟等手段吸收或减少市场中竞争对手的数量和规模，改善品牌服务质量，提升品牌价值增值，培养消费者对品牌的依赖程度，在一些开放性的行业中掌握着价值链支配权。早期进入中国的发达国家的化妆品、饮料、食品企业，在中国兼并和隐藏中国本土的行业品牌，控制生产、销售、终端的所有环节。

跨国企业利用价值链上对技术、市场、品牌的控制权力，在全球范围内进行市场资源的重新配置，对基础资源进行比较优势分析，掠取最廉价、优质的资源实现企业利润的最大化，保持在全球价值链上的支配地位，获得在市场中的话语权，与代工企业合作时只关心与其有关的生产环节的活动，并封锁和打压试图进行功能升级的代工企业。

2. 代工企业升级的选择困惑

当全球价值链的外部环境发生变化时，嵌入价值链的代工企业发展方向有三种：关闭、维持或转移和升级。关闭策略即退出市场竞争；维持或转移策略即企业保持现有的能力水平，依旧依附于价值链高端企业的订单生存；升级战略即寻找新的竞争优势，代工企业做出升级的积极进取反应，是对企业发展的较好选择。

自 2008 年金融危机以来，有大量的企业因缺乏合作订单，被迫关闭，截至 2014 年，东莞关停倒闭企业 428 家，投资额为 300 万美元以下的企业 384 家，占关停企业总数的 89.7%；投资额在 500 万美元以上的关停企业 29 家。从行业来看，电子及仪器仪表制造业企业最多，有 95 家，占 45.56%，纺织、服装鞋帽类企业，有 59 家，占 13.79%，塑料制品企业，有 43 家，占 10.05%，其余则分布在电器机械、家具、文教玩具、皮革羽绒等行业①，由此可以看出，代工企业存在严重的生存危机。在新形势下，一些代工企业选择维持和转移战略，继续在全球价值链的低端环节嵌入，避免与国内、国外企业间的激烈竞争，规避企业升级带来的巨大风险。代工企业主动在世界范围内的市场中寻找合作伙伴，有效地利用现有的资源和设备，继续深化 OEM，实现工艺（过程）升级。对于有一定技术积累的企业，通过在 OEM 过程中的技术学习形成对生产设备等的研发设计能力，或者以构建工业设计优势为主，从制造向设计转变，实现 ODM 升级。

代工企业选择功能升级战略是摆脱企业依赖的有效途径，企业选择的竞争范围包括产品的细分市场、本土国内市场以及国际市场。当企业获得了满足市场需求的知识和能力后，可以将这种能力应用到其他的细分市场，对企业而言这是一个"全新的市场"。国内市场的巨大需求空间也给代工企业发展提供了广阔的发展空间；有实力的代工企业则利用国外的渠道拓展国际化品牌。同时，我国代工企业数量众多，但多数企业缺乏开创品牌的风险意识和挑战精神，积极升级的愿望并不强烈，往往在环境逼迫的情况下被动地做出选择。

---

① 新浪财经. 金融危机后企业发展情况［EB/OL］. http：//fiance. sina. com. cn/chanjing/cyxw/20150412/ 153021936269. shtml.

3. 政府在推动代工企业升级中的引导作用

政府在代工企业升级中可以起到间接的推动、引导作用，通过制定制度、政策，为代工企业的升级改善现有的经济环境，提供升级的条件，搭建升级的平台，2008 年金融危机后，主要在以下方面引导：

（1）产业梯度转移政策。产业梯度转移指调整产业发展不平衡的现象，将相关产业从发展较快的地区向发展较落后的地区转移，2010 年，国家出台了《国务院关于中西部地区承接产业转移的指导意见》[①]，引导东部沿海地区的世界制造工厂向西部、中部地区转移，广东省、江苏省也制定相关的政策，把加工密集型企业从发达地区向省内其他地区转移，国内的产业梯度转移策略为代工企业的维持和转移提供了政策环境条件。

（2）对代工企业功能升级提供财政支持。代工企业要实现升级的愿望，需要大量的资金支持。2013 年，《国务院办公厅关于金融支持经济结构调整和转型升级的指导意见》[②] 发布，提出要发挥金融对经济结构调整和转型升级的支持作用，优化社会融资结构，持续加强对重点领域和薄弱环节的金融支持，切实防范化解金融风险。各地也制定财政政策给予企业资金、金融支持，鼓励企业升级。

（3）鼓励企业发挥企业家精神。国家从各层面鼓励企业发挥企业家的创新意识，2013 年，《国务院办公厅关于强化企业技术创新主体地位 全面提升企业创新能力的意见》[③] 发布，提出要建立健全企业主导产业技术研发创新的体制机制，促进创新要素向企业集聚，增强企业创新能力，加快科技成果转化和产业化，为实施创新驱动发展战略、建设创新型国家提供有力支撑；《国务院办公厅关于发挥品牌引领作用 推动供需结构升级的意

---

① 国务院. 国务院关于中西部地区承接产业转移的指导意见 ［EB/OL］. http：//www. gov. cn/zhengce/content/2010-09/06/content_ 1536. htm.

② 国务院. 国务院办公厅关于强化企业技术创新主体地位，全面提升企业创新能力的意见［EB/OL］. http：//www. gov. cn/ zhengce/ content/ 2013-02/04/content_ 5547. htm.

③ 国务院. 国务院办公厅关于金融支持经济结构调整和转型升级的指导意见 ［EB/OL］. http：//www. gov. cn/zhengce/content/2013-07/05/content_ 1929. htm.

见》① 发布，提出自 2017 年起，将每年 5 月 10 日设立为"中国品牌日"，中国一些重要媒体平台优先支持国内品牌的宣传。

（4）"一带一路"倡议平台。世界主流发达国家高度融入全球价值链分工体系中，并居于主导地位，代工企业被低端锁定。"一带一路"倡议覆盖的亚欧大陆内部和印度洋沿岸的非洲、中东和南亚国家具有资源的比较优势，是中国企业扩大国际贸易规模的一条重要途径。国内企业利用"一带一路"沿线国家的劳动力和自然资源（张二震和张晓磊，2017），实现全球价值链的产业、产品分工，在与当地企业的合作中，发挥已积累的技术、管理优势，创新发展价值链。

（5）中共十九届五中全会提出"双循环"新发展格局，应加快构建以国内大循环为主体、国内国际双循环相互促进的新发展格局，将扩大内需作为战略基点，兼顾投资、消费与净出口，深度融入全球价值链并拓展国内价值链。为此，需以品牌为引领，了解消费需求、满足消费需求、培育消费需求，创造出新的全球化消费浪潮，为中国经济发展注入活力。

（二）问题的提出

代工企业在过去 30 年间对中国经济发展做出的贡献是巨大的，推动了对外贸易的增长，提高了就业水平，带动了国家经济水平的发展，企业自身也积累了丰富的生产制造经验，代工企业甚至发展成为沿海省份的支柱性产业。随着中国企业逐步失去了国际范围内生产制造成本的比较优势，有关代工企业的研究就成为政府、学者、企业重点关注的问题：一是微观层面的代工企业生存谜题；二是宏观层面的国家政策系统的铺设。

代工企业的发展升级是近年来关注的焦点。当前，代工企业本身的发展存在诸多问题，能力缺失、动力不足、订单减少，企业主对升级的

---

① 国务院. 国务院办公厅关于发挥品牌引领作用推动供需结构升级的意见 ［EB/OL］. ht-tp：//www. gov. cn/zhengce/content/2016-06/20/content_ 5083778. htm.

认知与理解以及对未来经济发展的信心，这些都影响到企业的升级战略决策。另外，国际经济形势不容乐观，全球范围内实体经济发展滞缓，发达国家采取制造业"归核化"战略，中国每年都有几万家代工企业关、闭、停，新兴的互联网经济发展快速超越了传统经济形式的发展，作为"低环嵌入"的代工企业是否是时代造就的产物，随着时代变迁而自生自灭，还是作为经济力量投入到经济发展的新生血液中去？代工企业该何去何从，代工企业升级能否寻找到新的增长点，这些都成为代工企业的发展谜题。

国内学者对代工企业升级的研究多集中在代工企业能力的构建，基于企业职能层面的技术能力、创新能力、营销能力、品牌能力等方面。

综上所述，本书主要研究以下几个问题：构成代工企业升级的权力有哪些？受哪些因素影响？构建代工企业推动力的协同作用机制有哪些？

本书的研究对象是企业具有升级意愿，前期积累了一定的资源和能力，准备进行功能升级的代工企业。本书从代工企业的发展现状入手，引入权力的概念，重点研究代工企业如何运用权力推动企业升级，着力研究影响代工企业升级的因素、推动力和作用机理，构建代工企业升级"因素—推动力—升级"的机制模型，为企业和政府推进代工企业升级的管理与实践提供参考框架和理论指导。

二、研究的意义

科学研究的意义在于从理论与实践两个方面进行深化和指导，理论意义体现在研究结论反映出相关规律对科学理论的贡献，实践意义体现在研究的内容、结论在实际生产、生活中解决问题的能力。

（一）理论意义

本书拟从代工企业权力建构的视角研究全球价值链分工体系下的代工企业升级研究，在理论上具有以下意义：

一是丰富了代工企业升级的能力理论。本书在前人研究基础上，充分运用能力研究成果，由企业能力研究延伸到代工企业与跨国企业之间权力、势力的研究，揭示了基于权力视角的代工企业的升级机理。

二是重新定义了品牌力的内涵与外延。本书把品牌力从价值链的研究领域进行价值提升，从市场营销研究内容的高端部分独立出来，形成有别于市场且高于市场的影响力，品牌力的外延从消费者关系的研究拓展到社会网络关系的管理与运用。

三是综合运用全球价值链理论、协同学理论、社会网络理论、企业能力理论、权力理论等理论建立本书的理论体系及逻辑关系，提出研究假设并建构研究模型，研究代工企业在全球价值链升级中的权力形成与提升，为研究奠定了扎实的理论基础。

四是将信任关系和制度环境纳入全球价值链分工下的代工企业升级研究中，深入分析信任关系和制度环境在代工企业的推动力与企业升级之间的调节作用，将信任关系和制度环境在企业管理领域的研究进行拓展，丰富和完善了研究的理论体系和研究范围。

（二）实践意义

本书以代工企业升级为研究对象，研究技术力、市场力、品牌力对代工企业功能升级的影响，有助于代工企业根据内外环境的变化审时度势制定适宜的发展战略。因此，本书的实践意义体现在以下方面：

一是立足于新时代背景下，综合分析代工企业面临的国内外环境的变化及其对企业造成的机会与威胁，帮助代工企业辨析稍纵即逝的发展机会，鼓励企业发挥自身的优势，利用企业管理的理论与方法，充分贯彻创新的企业发展理论，为企业的功能升级提供战略指导。

二是综合分析了代工企业低端锁定现状，从宏观层面和微观层面分析代工企业实现全球价值链分工下升级的障碍与阻力，帮助代工企业寻找制约企业发展的原因，找出企业管理中的短板，并与发达国家企业的发展相对照，探求适合自身发展升级的路径。

三是通过对代工企业升级的实地调研，验证了代工企业升级的影响因素和发展条件，提出了代工企业构建技术力、市场力、品牌力的策略，研究结论与策略的提出，结合了代工企业发展的实际情况，为代工企业未来的发展规划提供了科学的策略借鉴。

三、技术路线与研究方法

（一）技术路线

本书研究过程的技术路线如图 1-1 所示，首先论述了研究背景，据此提出研究问题和相关理论基础，结合代工企业低端锁定原因、高端攀升障碍因素、代工企业升级驱动力及影响因素的分析，提出代工企业高端攀升的机理和理论模型，然后进行问卷设计和调查；根据问卷调查的数据，运用不同的数据分析方法，对研究假设进行论证；展开了基于"三力"协同互动下代工企业升级的研究；对我国现有政策的体系有效性进行了验证；最终提出结论与展望。

（二）研究方法

本书运用全球价值链理论及企业发展的相关理论，结合我国代工企业升级的实践活动，探讨了代工企业升级的推动力、影响因素及作用机理，为推动代工企业升级和相关政策的制定提供了决策依据。

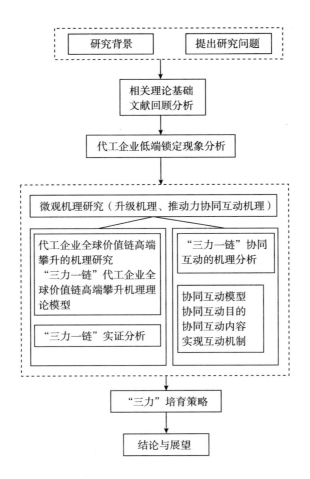

图 1-1 本书的技术路线

本书主要运用的研究方法：

（1）文献研究方法：从技术力、市场力、品牌力的视角构建"三力"模型，研究推动代工企业升级问题，内容涉及营销管理、战略管理、产业政策、品牌管理、技术管理、企业协同学等多个领域。本书在阅读大量理论文献的基础上，针对代工企业的发展现状，提出企业升级的理论框架。有关代工企业低端锁定、高端攀升障碍，代工企业升级推动力及影响因素，代工企业"三力"协同研究，代工企业升级的"三力"构建等研究，主要采用文献资料查阅和总结的方法，提炼出本书的相关观点和结论。

（2）规范研究与实证相结合：一方面，借鉴国内外代工企业升级理论的前沿成果，结合代工企业发展的实践，构建基于技术力、市场力、品牌力的"三力"推动模型，提出理论假设；另一方面，深入企业进行实际调研，通过问卷调查数据，对相关理论假设进行实证检验。

（3）统计分析：通过发放大量的企业调查问卷收集数据，运用 SPSS 统计分析方法及结构方程软件 AMOS 对调查数据因子分析和结构方程模型等现代统计方法展开定量分析，验证理论假设。

四、研究内容与结构

本书由八章构成，主要内容与结构框架如下：

第一章，绪论。在分析研究背景基础上，提出了本书的研究问题；阐述了研究的理论意义和实践意义；介绍了本书的技术路线、研究方法、研究内容与结构。

第二章，理论基础与文献述评。本章是本书的研究基础。主要围绕价值链理论体系、代工企业升级推动力的理论、代工企业升级的研究述评几个方面进行文献述评。价值链理论体系主要围绕产品内分工理论、全球价值链理论的发展展开；代工企业升级推动力的理论主要围绕能力理论、权力理论、网络能力理论展开论述；代工企业升级的研究述评主要围绕代工企业升级的影响因素、代工企业的升级路径展开。

第三章，我国代工企业全球价值链低端锁定现象分析。本章从两个方面分析：我国代工企业全球价值链低端锁定宏观判断和我国代工企业全球价值链低端锁定微观表现。第一部分主要围绕代工企业参与国际分工的总体情况、我国高端产业加入全球价值链低端环节和中国制造业企业在国际分工中的地位展开；第二部分围绕代工企业增收不增利的发展困境、全球治理者——跨国企业封锁与控制阻碍了代工企业功能升级和企业家精神缺乏阻碍了代工企业升级展开分析。

第四章，我国代工企业实现全球价值链高端攀升的驱动力及影响因素分析。本章分三部分逐层展开，首先利用扎根理论确定代工企业全球价值链高端攀升的驱动力；在此基础上分析了影响代工企业全球价值链高端攀升的"三力"的因素，然后从影响技术力的因素、影响市场力的因素、影响品牌力的因素三个要素深入分析；研究了代工企业升级的类型、特征；最后根据以上分析构建"三力一链"代工企业升级机理理论模型。

第五章，我国代工企业实现全球价值链高端攀升的机理研究。本章主要进行实证研究，提出"三力一链"代工企业升级模型的研究假设；调查问卷的设计与调查；对检验结果进行分析。

第六章，"三力一链"协同互动的代工企业全球价值链高端攀升研究。从协同学的视角构建了"三力一链"协同互动的代工企业全球价值链高端攀升模型；提出了技术力、市场力、品牌力"三力"协同的目的；研究了技术力、市场力、品牌力"三力"协同互动机理，分别从代工企业技术力、市场力、品牌力"三力"互动模型，技术力、市场力、品牌力两两互动，技术力、市场力、品牌力"三力"互动路径三个方面进行了分析；构建了企业的协同要素，包括企业战略协同、企业组织协同、资源协同、企业文化协同；提出了代工企业技术力、市场力、品牌力"三力"协同实现机制，分别为利益机制、信息（知识）共享机制、沟通机制。

第七章，全球价值链分工下的驱动力的培育策略。根据实证分析提出技术力、市场力和品牌力的培育策略。

第八章，研究结论与展望。得出本书的主要结论、研究局限及研究展望。

五、研究的创新点

多年来，企业升级的研究一直是企业管理研究的重要方向。学者通过大量理论与实证研究，探索推动企业升级的内在动力组成和外在的影响因素。本书构建了基于"三力一链"的代工企业升级结构模型，揭示了能力建设、权力提升对企业升级的动态影响，探查国家有关代工企业升级的政策因素对企业升级行为的影响，从而为相应的代工企业升级管理实践奠定理论基础。本书的创新性研究表现在以下几个方面：

（1）以资源、能力理论为理论基础，创造性地利用扎根理论研究代工企业升级的能力，这一理论补充了代工企业升级的能力理论，为代工企业升级的发展实践提供了理论参考。在此基础上，利用扎根理论研究结果，分析了影响代工企业升级能力的因素，构建了代工企业升级的机理理论模型。扎根理论的引入，从研究方法方面提升了理论建构的严密性和科学性。

（2）从权力的视角形成研究逻辑主线，界定了技术力、市场力、品牌力的内涵，研究代工企业如何在全球价值链上提升"三力"，缩小与跨国企业的差距，摆脱低端锁定的局面，实现代工企业的功能升级。研究了代工企业在全球价值链攀升过程中的企业权力改变关系，分析了代工企业在全球价值链低端锁定状态下的市场力、技术力、品牌力的权力现状及权力的影响因素、升级机理及提升策略。

将品牌力从市场力中分离，突出品牌力对代工企业升级的重要性及在新的经济形势下品牌力的战略地位，将品牌力与市场力和技术力组合起来作为推动代工企业功能升级的推动力。在综合学者前期研究的基础上，对品牌力进行了概念界定与变量测量，提出了提升品牌力的相关策略，证实了品牌力在推动代工企业升级过程中的正向推动作用。

（3）从系统学角度，引入协同学理论研究代工企业升级的推动力之间的动态演化关系，研究"竞争—合作—协调"的能力机制，能力系统与环境之间协调、同步、合作、互补的关系。主要研究了技术力、市场力、品牌力"三力"协同互动机理，"三力"互动的目标，构建"三力"互动模型和"三力"互动路径，深入分析了"三力"两两互动、"三力"协同互动对代工企业功能升级的影响。

从协同管理角度提出了"三力"在代工企业发展的不同阶段关于战略、组织、资源和文化四个子系统的协同，进一步整理了适合协同发展的组织形式，构建了企业文化协同与能力协同的冰山模型；在此基础上，为保证企业协同行为顺利进行，提升协同效应，提出了利益机制、信息共享机制、沟通机制的"三力"协同实现机制。

第二章
理论基础与文献述评

文献研究是围绕本书的研究问题，收集、整理和分析与本领域相关的文献资料，以此了解该领域的研究现状和研究进展情况。本章从理论产生的背景、发展过程、升级变量、影响因素及升级路径等方面进行了系统的分析和梳理，为本书提供逻辑推理和理论研究的基础。

一、全球价值链分工体系的形成与发展

随着经济全球化的兴起，世界经济的发展已突破国家边界，打破了地理区域的划分，产品体系的分工由垂直延伸转向垂直与横向延伸共同发展。跨国企业凭借其先导发展优势，将价值链的每个环节分离开来，在世界范围内寻求价值增值活动；发展中国家凭借国内资源的比较优势，利用制度环境引导，以不同的方式切入价值链活动中。产品内分工、价值链、增值链、商品链、全球商品链、全球价值链等基础理论是全球价值链分工的理论基础，可以更好地理解全球价值链下代工模式的形成与发展过程。

（一）产品内分工

分工经历了行业间分工、行业内分工、产品间分工后，进入了产品内分工阶段。产品内分工（Intra-Product Specialization）是将产品生产制造过程以工序、区段、环节为对象的分工体系在不同国家、不同地区进行，实现产品内分工需具备两个要素：比较优势和规模经济（卢锋，2004），该发展阶段从初见雏形到发展成熟经过了几十年，在发展的不同阶段，其概念内涵也有所区别。

跨国企业在20世纪60年代末期将劳动密集型制造业的组装环节分离到国外企业完成，从此将产品的生产工序在空间上进行分离，在全球范围内进行生产，以获得比较利益优势。亚洲四小龙正是利用产品内分工参与美国、日本等发达国家的全球化分工体系，实现了企业、产业的升级发展（Memedovic，2004）。中国的IT产业也是从承接简单的电脑组装业务起步。产品内分工的分化进展，推动了世界领域内的外包、代工、网络和物流行业的发展。产品内分工已经从劳动力密集型产品扩散到IT行业、通信行业、汽车行业、航空行业等新兴行业，跨国企业将零件设计、程序工艺、装配设备、后勤等环节转移到具有比较优势的地区完成，在世界各地形成了围绕跨国企业产品需要所成立的生产集群区。

国外对产品内分工的研究集中在其对产业升级、技术扩散、产业集群效应等方面，国外研究多数是基于发达国家的立场。

国内学者十分关注中国参与全球化产品内分工对国内贸易、企业升级、区域发展、产业发展、贸易环境的影响等。秦兴俊和王柏杰，（2014）、任志成和戴翔（2014）发现，中国主要以加工贸易的形式参与到国际分工，中国在贸易中获利微薄，存在贸易失衡问题，容易陷入"低端锁定"且不利于对外贸易结构升级。程惠芳等（2014）、范爱军和高敬峰（2008）认为，我国参与产品内分工的资源与基础是劳动要素的优势，因此产品内分工活动主要发生在资本相对密集的制造业产业，产品内分工模式影响行业熟练劳动力与非熟练劳动力间的收入分配格局，国际产品内分工对高技术部门收入分配格局的影响大于低技术部门。赵立斌（2012）认为，产品内分工处于价值链中后端位置的东盟国家，虽然在全球价值链切入位置没有明显提升，但产品内国际分工的程度却不断加深。丁小义和程惠芳（2018）探索当前的产品内分工体系呈四梯队型的"中心—外围"格局，认为发达国家的 OFDI 对高端型产品内分工具有显著促进作用，低端型产品内分工的国家的 FDI、OFDI 加剧了"低端陷入"，且后期的各种驱动政策易陷入乏力的境地。李国学（2019）认为，在产品内分工条件下，标准化生产阶段实现模块化外包，生产链上企业内部中间投入品的资产专用性程度降低，资产专用性相互锁定，在全球生产网络下，东道国的产业政策可以间接影响跨国企业与当地企业间的竞争地位和议价力量。

从国内的研究成果可以看到，产品内分工效应在发展中国家除产生经济进步的正面影响，也包括"路径依赖"和"低端锁定"的负面影响，使这些国家的企业、产业陷入了依赖性发展的被动局面。

（二） 全球价值链分工的提出

从跨国企业产品内分工的现象看，全球价值链分工的发展从价值链、全球商品链、价值增加链、全球价值链等角度逐渐发展而来。

1. 价值链

1985 年，哈佛商学院教授迈克尔·波特在《竞争优势》（Competitive Advantage）一书中提出了价值链的概念，成为研究竞争优势的主要工具。波特认为，企业是由一系列的生产、设计、销售和其他辅助活动的集合体，这些活动不仅产生价值增值，还重新创造价值。

这些企业的内部价值链与企业的外部价值链构成以每个企业为单位的价值系统，组成围绕企业内部与外部活动的价值体系。波特的价值链理论从系统论角度诠释了整个价值链条的相关利益单位会参与企业之间的竞争，是系统内各子系统的联动，企业所在价值链的整体实力决定了企业在竞争中的综合实力，可延伸至产业。

迈克尔·波特的价值链理论强调，企业增强竞争优势的根本在于自身最基本的价值行为，指出了企业的价值行为与竞争优势的紧密联系，这些价值行为间相互协调，可以形成持久的竞争优势，企业集中化会带来企业规模经济的优势，提升价值创造的活动（张旭波，1997）。

根据企业活动的地理区间不同，价值链可分为全球价值链、跨国价值链、国内价值链和地方价值链。国内价值链（NVC）的形成是基于国内市场，Schmitz（2004）认为，国内价值链可以为代工企业提供大量功能升级的机会。刘志彪和张杰（2007）针对国内代工企业被锁定在全球价值链底端的现状，认为要成功实现突破与升级，可以依靠国内的市场需求建立基于本土的价值分工体系。这一发展经验来自20世纪80年代亚洲四小龙的制造业企业升级发展案例，代工企业在国内开拓市场，积累了市场、品牌管理经验和核心技术后可以借机进入国际市场，参与全球价值链的分工体系，与发达国家的跨国企业建立均衡型网络关系。价值链是全球价值链产生的理论基础，价值链的研究对象以单个企业为中心，并延展到整条价值链，为战略管理研究企业的竞争优势提供了新的视角。苏丹妮等（2019）认为，国内价值链是一种多阶段分工组织模式，国内价值链的链式循环过程和价值链分布形态受国内市场化程度的影响，甚至决定经济增长的溢出效应。

2. 全球商品链

与全球价值链分工有关联的研究理论是 Gereffi 和 Korzeniewicz（1994）提出的全球商品链（Global Commodity Chain，GCC）。商品链的思想来源于1983 年 Wallerstein 在其《历史资本主义》一书中提出资本主义涉及商品的交换和商品的生产、分配与投资过程，Wallerstein（1986）在此基础上提出商品链（Commodity Chain）的概念。商品链用来研究世界经济，其富有创见的观点影响了经济学、社会学的发展。Gereffi 和 Korzeniewicz（1994）等结合商品链的观点及西方其他价值链理论的研究基础提出了全球商品链（Global Commodity Chain）的概念，这一思想研究的重点是生产经营活动在世界范围内地理空间上再配置的驱动力，研究内容包括输入输出结构、地域性、治理结构及制度框架四个部分。

Gereffi（1999）研究了世界贸易和产业发展视角下的服装商品链发现，企业生产环节散落在世界各地，这些生产环节由某个领导型跨国企业起支配作用，对各个价值环节起着直接和间接的协调、指挥、控制的作用，并将商品链划分为"生产者驱动"和"购买者驱动"全球商品链，如图2-1和图2-2所示。

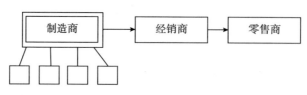

图2-1　生产者驱动商品链

资料来源：Gereffi G. International Trade and Industrial Upgrading in the Apparel Commodity Chain [J]. Journal of International Economics, 1999, 48（1）：37-70.

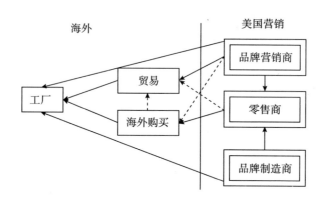

图2-2　购买者驱动商品链

资料来源：Gereffi G. International Trade and Industrial Upgrading in the Apparel Commodity Chain [J]. Journal of International Economics, 1999, 48（1）：37-70.

3. 价值增加链（Value-added Chain）

Kogut（1985）定义增值链是一个投入输出的过程，技术、原材料和劳动力一起作为输入部分，通过装配、营销和分销完成输出过程。单个企业或许只参与这个过程中的一个环节，也可大范围地进行垂直整合。使用增值链分析企业在全球化中的竞争地位，构建战略分配决策来分析经济变化。增值链是个有用的工具，可以把战略中的关键成功因素分离出来。企业采购产品位置的不同，可以在国家间获取优越的探索性比较优势竞争力，因此企业关注采购位置的差异性可以提升战略优势。

战略规划可以看作是产品/市场的分配决策选择带来经济租或超出竞争标准的利润，比较优势和地点的选择优势影响着资源、营销和获取决策，企业可以根据自身经营范围、经营规模、学习吸收能力等要素的不同选取竞争优势，可以在发展中国家、欠发达国家及新兴国家间转移获取竞争优势，说明 Kogut（1985）研究领域中关于企业国际分工从产品分工向要素分工的转变，体现了国家作为竞争要素在形成企业竞争决策时的重要性（刘林青和谭力文，2006）。

Kogut（1985）认为，分工与外包是企业间协调与博弈的价值链增值活动过程，链上企业在分工体系上节点的不同决定了企业对利益分配所拥有的控制力是有差异的，获得的价值增值也不一样，都影响价值链的创新能力与竞争力的形成及发挥（张杰等，2007）。

从价值增值链的研究角度可以看到，全球价值链的分工既受企业拥有要素的差异性的影响，也决定了企业在全球价值链上的位置与地位，企业对价值链的控制权力有所区别，所以价值增值链的观点对全球价值链分工理论的发展有着推动与影响作用。

4. 全球价值链

联合国工业发展组织（UNIDO，2002）指出，全球价值链是指在全球范围内为实现商品或服务价值而连接生产、销售、回收处理等过程的全球性跨国企业网络组织，涉及从原料采集和运输、半成品和成品的生产和分销，直至最终消费和回收处理的过程。它包括所有参与者和生产销售等活动的组织及其价值利润分配，并且通过自动化的业务流程和供应商、合作伙伴以及客户的链接，以支持机构的能力和效率。

自 Gereffi 和 Korzeniewicz（1994）提出全球商品链理论后，学者在研究过程中发现这一概念存在局限性，认为"商品"一词不能反映出价值链条上不同环节的价值创造行为和利润归属情况，不能体现价值链参与者的国际分工地位的真实情况。2000 年 9 月在意大利 Bellagio 学术研讨会上，Gereffi（1999）将"全球商品链"更名为"全球价值链"，全球价值链思想沿袭了全球商品链的基本逻辑框架，提供了一种用动态学方法研究全球产业的价值创造、国际分工等。

Schmitz（2004）根据参与者地位、权力的不同，将全球价值链将分为俘获型网络和均衡型网络。在均衡型网络中，企业间的关系是市场竞争关系，企业间能力互补、互相不受制约和控制、权力平等、分配机制公平；俘获型网络体现了发达国家跨国企业居于主导地位，具有进入市场、技术等多种控制权，影响着其他企业策略的制定与实施。荆林波和袁平红（2019）对全球价值链变化趋势研究发现，人工智能、大数据、物联网推动了全球价值链的驱动机制进行转型，太空经济成为新的增长点，全球价值链重构内生化趋势明显，全球价值链分层逐步形成，附加值获取日益固化。越来越多的美国跨国企业致力于品牌营销和技术创新，向外国消费者出售其知识产权附加值产品。耐克占有全球约 1/3 的运动鞋市场，根据其 2015 年的数据，耐克的海外销售额达 164 亿美元，毛利率为 46%（Xing，2019）。Johnson（2017）从宏观和微观两个方面评估了全球价值链的测量方法，强调了它们之间基于总投入产出表的联系点。倪红福（2019）进一步探讨了基于投入产出模型测度全球价值链的位置，用该方法计算的位置与真实经济中的生产链顺序仅在宏观上和相对次序上存在一定的弱相关。

5. 全球价值链分工

世界范围内处于优势主导地位的跨国企业或厂商，在全球范围内寻找最优越的生产布点进行资源优化，进而产生了以同一产品内某个环节或某道工序为特征的新的国际专业化分工，这种分工形式称为全球价值链分工（克鲁格曼等，2002）。

全球价值链分工改变了世界经济的联系方式，随着跨国企业的对外直接投资（FDI）及外包（Outsourcing）生产模式的兴起，从贸易全球化走向生产全球化，企业各个价值环节在全球价值链上分开，散落在全世界各地。Kaplinsky 和 Morris（2002）认为，全球价值链上最重要的环节是战略价值环节，拥有者决定了在全球价值链中的地位和权力。

全球价值链分工具有以下特点：

（1）跨国企业在国际分工和贸易中居于主导地位。全球价值链分工打破传统的国家边界，分工主体由国家、区域行政主体向企业转变，企业在世界各国的比较优势取代了来自母国的竞争优势。跨国企业将经营重点放在研发设计、营销和品牌等环节，将生产制造转移到发展中国家，从"微笑曲线"可以看出，发达国家企业控制价值链的高端，发展中国家企业处于全球价值链的低端。

（2）全球价值链分工体系中的利益非均衡性。在"微笑曲线"上，利润流主要分布在价值链的两端，发达国家的跨国企业因其拥有高级要素在全球价值链上获得较高的收益，发展中国家收益较差，说明全球价值链分工中跨国企业与代工企业之间的收益是不均衡的。另外，发达国家投入的资本要素灵活性较高，可以自由地进行要素组合和转移，跨国企业可以有选择地进入产品市场，获取较高的收益，发展中国家的劳动力未生成核心能力，收益较低。跨国企业利用资源优势促使产业集群的建立与发展。生产制造技术变革悄然推动着价值链分工的形成，在国际分工的新趋势下，美国重构"边缘化"中国的全球价值链分工体系，压缩了价值链攀升的传统路径，研发环节将更多突出"用户导向特征"（黎峰，2019）。

（三）全球价值链分工理论的研究领域

1. 全球价值链的治理

全球价值链治理是指价值链上的主导企业为维持控制权力和地位，实现利益最大化，通过政治、经济、法律等手段对全球化参与方的支配和管理。全球价值链的治理是全球价值链理论研究的核心内容，价值链治理是以主导企业为中心的组织结构调整、权力分配，以及与各经济主体间的关系协调与互动，主导企业通过构建壁垒，制定规范，控制生产价格、执行标准、交货时间，制约着价值链上的企业行为，具有租金分配的权力。全球价值链的治理给不同国家企业带来了机遇、挑战及风险，全球价值链治理的过程是利益重新分配的过程，发展中国家企业可以利用某些方面的优势参与全球价值链的治理。目前对全球价值链治理的研究内容涉及治理模式、影响因素、动力机制等，其中对治理模式的研究一直在延续，以下梳理有关治理模式的研究：

（1）生产网络的治理。Powell（1990）在研究生产网络时，将治理结构分为市场、网络和层级组织三种类型，并从交易方式、冲突解决方式、弹性程度、经济体中的委托数量、组织氛围、行为主体的选择、相似之处等方面进行了比较分析，这也为后期的价值链治理奠定了理论基础。吕越等（2018）研究发现，价值链嵌入对制造业企业研发行为存在显著的抵制作用，中国制造的价值链攀升，需不断提升企业的技术吸收能力，引入外部竞争机制及更深度地参与国际经贸规则的全球治理。

（2）分类的价值链治理模式。Humphrey 和 Schmitz（2000）根据价值链上企业的获得权力大小和分工地位不同，将价值链治理模式分为公平市场型（Arm's Length Market Relations）、网络型（Network）、准层级型（Quasi-Hierarchy）、层级型（Hierarchy）四种类型。买方在价值链上的主导地位依次增大，买方控制了供应方的经营行为，供方处于俘获、依赖的地位，发展中国家的代工企业基本属于这种类型。

（3）三权分立治理模式。Kaplinsky 和 Morris（2002）从社会政治权力的角度将治理模式分为立法治理、司法治理、执法治理三种，通过制定、执行规则和标准以建立、维护全球价值链中不同企业之间的相互信任的机制。三权分立治理模式在规范价值链中企业行为的同时，为发展中国家进入全球价值链设定了壁垒，最大限度地保护了主导企业及相关团体的利益。

（4）五分类法治理模式。Gereffi 等（2003）在 Humphrey 和 Schmitz（2002）价值链治理研究的基础上，从交易费用理论、企业能力理论、网络关系等角度提出五分类的全球价值链治理模式，分别为市场型、模块型、关系型、领导型和层级制，这五种模式具有更加严格的分类标准和现实意义，需要衡量主导企业和参与企业间交易的复杂程度、解码能力、供应能力及关系和权力的不对称程度，其中，模块型的治理方式可以将技术信息进行编码后封装在模块内部，减少知识外溢，双方的信息交换和沟通的成本明显降低，因此，在理论和实践中得到广泛应用。

（5）"模块化"治理模式。Ponte 和 Sturgeon（2014）基于链接和惯例理论，提出了模块化三个维度的治理框架，如图 2-3 所示。微观层面，基于个体价值链节点的影响因素和动态交换；中观层面，价值链节点的连接方式以及在何种程度上在价值链的上游和下游移动；宏观层面，查看整体的全球价值链治理。我们只关注宏观层面治理的"极性"问题，区分单极、

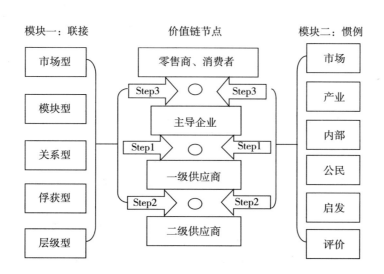

图 2-3　模块化全球价值链治理模式

资料来源：Ponte S. ，Sturgeon T. Explaining Governance in Global Value Chains：A Modular Theory-building Effort，Review of International Political Economy，2014，21（1）：214.

两极和多极治理形式，忽略了治理中的微观、中观因素和制度、规则及社会性过程。在宏观层面上进行模块化设置后，可以反映全球价值链治理中关键行动者的变化位置即渐强的影响力，如非政府组织、标准的制定者、全球价值链治理的社会运动。

"模块化"的治理模式引入新的宏观变量——包括非政府组织、标准制定组织、工会、社会团体、消费者协会等，将宏观和微观模块化，主要关注模块化对价值链节点和惯例的影响。

（6）产业集群的治理模式。Gereffi 和 Lee（2014）提出的产业集群治理模式考虑到 GVC 治理及产业集群治理从水平和垂直两个维度同时治理对参与企业的影响，如表 2-1 所示。治理模式中关注不同层面的社会组织结构的影响如图 2-4 所示，它是一种社会关系治理模式，但发展中国家代工企业升级的影响还有较大的拓展空间。

表 2-1　产业集群治理模式

行动者	范围	
	水平治理（集群）	垂直治理（GVC）
个体治理	集群效应（如行业协会、专业合作社）	GVC 主导企业（全球买方自愿代码的指导者）
社会治理	本地公民社会的压力（工人、劳动联合会和环境权、性别平等倡导者）	主导公司和主要供方的压力（公平劳动协会）和多方利益的举措（例如，道德贸易倡议）
公共治理	本地、区域、国家治理规则（劳动法和环境立法）	国际组织（ILO，WTO）和贸易协定（NAFTA，AGOA）

资料来源：Gereffi G., Lee J. Economic and Social Upgrading in Global Value Chains and Industrial Clusters：Why Governance Matters [J]. Journal of Business Ethics，2014，133（1）：25-38.

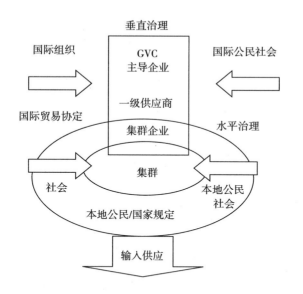

图 2-4 垂直治理和集群对行动者的影响

资料来源：Gereffi G., Lee J. Economic and Social Upgrading in Global Value Chains and Industrial Clusters: Why Governance Matters [J]. Journal of Business Ethics, 2014, 133 (1): 25-38.

2. 全球价值链的租金

"租金"在全球价值链理论中指因控制了特定的资源免予竞争而获得超额利润。价值链上的主导企业因拥有设计、生产、销售和品牌方面的优势阻隔竞争对手，是全球价值链上租金的有力争夺者。

全球价值链中租金的来源复杂，链内包括单个行动者和行动者群构建的租金，链外来源于全球价值链（Kaplinsky 和 Morris，2002）。基于链内单个行动者构建的租金包括垄断租金、李嘉图租金和熊彼特租金；基于链内行动者群构建的租金包括关系租金（Relational Rents）和网络租金（Network Rents）；政策租金、要素租金等则构成外生于价值链的租金（刘林青等，2008）。

3. 全球价值链的动力机制

生产者驱动是由拥有技术优势的跨国企业为主导地位的生产网络体系，形成生产供应链的垂直分工体系；购买者驱动是由拥有品牌优势和渠道优势的跨国企业为主导，采取全球采购或组织代工生产的形式组成全球商品流通网络，其中，大型零售商和品牌商是链条的核心及动力的根本。全球商品链强调在跨越国家和地区边界商品生产经营的驱动力来自跨国企业在链条上某种优势而形成的权力，转化为控制整个商品链的内在动力。二者的区别如表2-2所示。全球商品链的组织者可以获得关键环节投入、产出上的垄断性加价收益，享有低成本优势和降低供应商的不确定性道德风险，这种利益机制推动跨国企业主动跨越国界在世界范围内寻找合作伙伴，组织规模超过传统的垂直一体化企业，可以达成相当程度的市场及产业寡占（彭绍仲，2006）。全球商品链的二元驱动模式很好地解释了全球价值链治理的动力机制，不同的产业存在不同竞争机制和发展模式，是全球价值链分工研究的基础。

表2-2　生产者、购买者类型驱动的全球价值链比较

项目	生产者驱动的价值链	购买者驱动的价值链
动力根源	产业资本	商业资本
核心能力	研究与发展、生产能力	设计、市场营销
环节分离形式	海外直接投资	外包网络
进入门槛	规模经济	范围经济
产业分类	耐用消费品、中间商品、资本商品等	非耐用消费品
制造企业的业主	跨国企业，主要位于发达国家	地方企业，主要在发展中国家
典型产业部分	航空器、钢铁等	服装、鞋、玩具等
典型跨国企业	波音、丰田等	沃尔玛、耐克等

资料来源：张辉．全球价值链动力机制与产业发展策略［J］．中国工业经济，2006（1）：40-48.

4. 制度环境

制度环境对全球价值链的参与和发展有着重要作用。卢锋（2004）研究了国家制度变迁对产品内分工发展的影响，发现发展中国家通过多边和区域贸易自由化政策，缩小了与发达国家的经济水平差距，实施政策鼓励企业从事出口加工，参与全球价值链活动。Altenburg（2006）研究发

现，市场环境（市场透明度、市场结构、市场发展的不确定性）、制度框架、金融环境（资本密集度、资本成本）会影响全球价值链的治理水平；全球价值链链主会促使参与国家提高政府的效率水平，完善基础设施建设，推动产业集聚水平而获得租金。

另外，发展中国家政府面对本土代工企业升级的压力，政府要为代工企业成为价值链治理者营造好的制度环境，制定市场规则，维护经济秩序，建立良好的信用体系，加强规则的制定和监管力度，加强知识产权法律、法规的制定，消除市场进入壁垒，进行政府管理职能改革，发挥企业家精神，鼓励积极、进取的竞争文化，鼓励创新的精神，把国内企业逐步推上全球价值链的制高点（查日升，2016）。

制度环境对价值链的影响主要是链主和代工企业两个方面，公平竞争的制度环境对推动全球价值链的发展有重要的意义。

5. 全球价值链分工下的发展中国家的产业升级

全球价值链分工分散到发展中国家的环节具有集聚的特征，发展中国家的产业以整体或部分嵌入全球价值链，由于代工方式过度根植于发达国家的发展需求，对发展中国家的产业升级发展是个危险的信号。发展中国家的产业升级研究集中在两个方面：一是产业升级的动力，二是产业升级的方式，国内外学者结合世界产业发展的经验，围绕这两方面展开研究。Hobday（1995a）研究发现，亚洲四小龙的电子产业企业通过向领先公司学习和满足客户需求取得技术进步，通过突破式创新缩小与先进企业的技术势差；另外，政府的产业引导也起到了重要作用。Gereffi 和 Korzeniewicz（1994）研究亚洲新兴产业经济体的产业升级时认为，组织学习可以提升企业和国家在贸易网络中的地位，参与全球商品链可以获得潜在的动态学习曲线。Howard 和 David（2006）在研究香港地区电子产业发展时发现，公共政策有助于企业升级方向的确定，升级企业的绩效优于低端产品、价格竞争的企业。

国内学者对中国产业升级的研究逐步深入，刘志彪和张杰（2009）等认为，利用中国庞大的内需市场，应从建立国内价值链的角度在国内实现自主品牌的升级，然后走国际化路线。张辉（2004）认为，发展中国家的产业可以从两方面考虑：一是升级的动力可以通过提升产业的核心竞争力和动态能力来实现；二是产业升级的路径，沿着工艺流程升级→产品升级→产业功能升级和链条升级的升级路线，价值链条的升级来自突破式创新。研究还发现，在产业升级过程中，实体经济活动的环节会逐步减少。从发达国家制造业逐步回归这一现象来看，这一观点目前存在争议。在新形势下，发达国家的"回归制造业"战略，使中国产业发展面临着发达国家"高端压制"和发展中国家"低端分流"的双重挤压，中国需实行产业结构升级，充分激发和释放市场主体活力（李天健和刘中显，2019）。中国制造业需抓住新工业革命带来的发展契机，提高自主创新能力，获取技术创新效应，实现在全球价值链中的地位提升（余东华和田双，2019）。

由以上分析可知，全球价值链治理、租金来源、动力机制、制度环境和发展中国家的产业升级是全球价值链理论研究的重要内容（见图2-5）。价值链条的链主对链条治理、租金、链上企业的沟通和管理具有决定性的作用，而作为节点的代工企业继续传统的发展思路很难实现在价值链上的升级，发展中国家的代工企业一定要摆脱链主的控制，才能走上升级的道路。

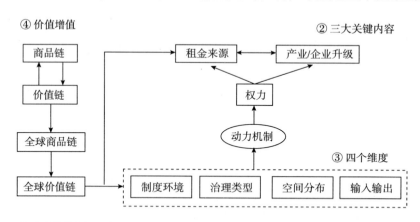

图2-5 全球价值链研究框架

资料来源：熊英，马海燕，刘义胜. 全球价值链、租金来源与解释局限——全球价值链理论新近发展的研究综述［J］. 管理评论，2010，22（12）：120-125.

（四）小结

全球价值链分工是探讨组织价值发展的重要概念，从最初产品内分工到全球价值链的形成，为企业、产业及集群的发展提供了重要的理论指导。目前，对全球价值链的研究主要从三方面展开，分别为全球价值链的治理、动力机制、发展中国家的产业升级等。这些研究成果为本书提供了理论参考和研究启示：

（1）全球价值链分工理论提供了价值链治理的模式，其中，"模块化"的治理模式被广泛应用于新型产业、制造业领域，垂直化的治理模式辨析了价值链条上的各级企业的权力关系，衍生了对链主（主导企业）的权力关系的管理，链上企业通过改变权力地位、价值网络关系获得网络租金。

（2）国内学者将全球价值链理论应用于产业升级的研究，从参与全球价值链延伸到建立国内价值链、创新价值链，走品牌化道路，开发国内消费者的潜在需求，提升企业的综合实力，实现产业升级，在本土获取企业升级的内在推动力。

学者的研究对本书的启示是，品牌位于价值链的高端环节，是实现价值链升级的重要因素，国内学者研究品牌升级主要基于企业的自主品牌策略、消费者的品牌价值感知及国家政策等方面。自主品牌建设受到一系列企业内外部环境的制约，以政策为引导的品牌发展策略，可以改变目前企业主观努力效果差的现象。借鉴西方品牌管理理论，结合中国市场的特点，是实现企业品牌升级的一条重要途径。

二、代工企业升级能力的相关理论基础

企业的能力具有物理属性、价值属性和社会属性（董颖，2011），物理属性表现在企业的各种职能，如人力资源能力、会计能力、营销能力、

技术能力、关系能力等；价值属性表现为价值的创造、转移，如核心能力和权利能力等；社会属性表现为企业与网络内其他主体的作用关系，如协同能力、网络能力等。能力研究涉及社会学和管理学视角，从管理学的角度探究企业的计划、组织、指挥协调与控制活动的过程，从社会学角度研究企业作为社会参与者的关系能力和网络特性的实现机制。企业升级的能力网络如图 2-6 所示。

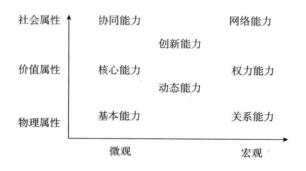

图 2-6　企业升级的能力网络

（一）能力理论

1. 资源基础理论

企业资源观理论认为，企业所拥有和控制的资源是企业核心竞争力之源，企业的能力是企业成长的动力，该理论对 Richard Rumelt、Stehen Lippman、Sidney Winter、Jay B. Barney 等的研究具有一定影响。

从全球价值链分工的角度看，相对于产品市场及资本市场，"要素"的重要性凸显，原材料、土地、劳动力、能源的争夺成为企业参与全球价值链的重要因素。因此代工企业在制定其升级战略时要考虑关键生产要素取得的难易度和成本。随着代工企业劳动力资源优势逐渐减小，代工企业的升级必须通过提升高端资源来达成，或者寻找相对更加低成本的资源，以弥补发展的不足。

2. 核心能力理论

Prahalad 和 Hamel（1990）在《哈佛商业评论》上发表了划时代文章《公司核心能力》，核心能力理论认为，企业持久的竞争优势来源于企业的核心能力。Teece 等（1997）认为，核心能力是指许多有差别的技能、互补资产和惯例的集合。Meyer 和 Utterback（1993）认为，核心能力特指内嵌于企业价值链各环节中有别于竞争对手的独特能力，这些独特能力（如研发能力，往往是个性化的且难以模仿的运作能力）往往在企业的产品系列创新、新产品上市推广、对广泛资源的整合方面得到直接映射。

核心能力体现了企业对内外部资源整合的能力，企业竞争的意义本质上是企业之间核心能力的竞争。企业必须准确评估自己与对手的竞争差距，了解企业在每个层面的竞争实力，包括从企业战略的制定到终端产品的推出及有效地与消费者沟通，也许企业在某些技术方面领先，但核心能力的领导地位不如竞争对手，企业应在核心能力层级保持竞争优势，建立产品开发创新的领导地位。

3. 动态能力理论

企业在发展过程中不能忽视环境变化对企业的作用，从能力角度出发，应着眼于能力的动态性和适应性以应对环境的变化。Teece 等（1990）提出了动态能力理论，随后对该概念内涵进行进一步的发展和完善，经众多学者的深入研究而发展成为完整的理论体系。动态能力理论（Dynamic Capability）强调企业所处环境动态性的特征以及企业在该环境中获得特定能力以维持企业的竞争优势，从而对企业的特定能力进行充分的运用和保护。

（二）权力理论

"权力"一词来源于政治学范畴，是组织或个人支配组织或个人的力量（王伯鲁，2013），是权力主体与客体间的支配与制约关系。权力表明成员间地位是不平等的，现在权力理论被广泛应用到人文社科、经济管理和地理学等领域中，用以研究产业链、全球价值链和网络的关系与发展

（张云逸，2009），全球价值链上的权力是以主导企业为主的不对称的话语权，主要描述领导者的作用力量。

伯恩斯（1996）提出"权力＝动机＋资源"。权力来源于配置性资源和权威性资源。资源类型包括自然环境与人工物质产品或是非常物质资源，主导性资源或关键性资源。对于企业来说可以称为是资本，因为拥有特殊的资源或是较多的资源，决定了对其他行动者的支配地位。Hart（1995）认为，企业权力来源于契约的不完备性，谁占有更多的经济剩余，谁更有权力。Ponte（2009）认为，主导企业通过惯例体系的影响来获取权力，即使是松散的价值链治理体系，主导企业的控制力依然不会减弱。从以上分析可以看出，权力来源于两个方面，拥有的资源、制度或规制，随着世界经济分工的日益演化，权力成为企业争夺的目标。

权力往往集中于大型厂商，在全球价值链上，跨国企业因为拥有品牌、技术、市场的特殊资源而处于价值链的核心位置，是价值链的权力领导者，跨国企业和合作企业在网络中表现出关系的不对称和权力差异，当这些资源无法被其他成员替代时，就产生了持续的竞争优势。跨国企业将非核心环节进行外包，控制着集群网络的发展。在全球化的经济格局中，虽然地域表现出分散化的特征，但企业的经济权力高度集中，牢牢地掌握在跨国企业手中。

跨国企业为控制价值链上各环节的价值收益，从中获得最大收益，会采取措施捍卫其高价值地位，阻挠价值链上代工企业的升级发展，导致本地企业过度根植于跨国企业而造成破产，领导企业的技术锁定限制了整个集群网络的技术进步，集群网络的企业被黏附在跨国企业价值网上，只能实现低等级的工艺、产品升级，当发生产业转移或变迁时，致使整个网络企业崩溃，领导企业是阻止代工企业升级的主要力量。曾刚和文嫣（2005）研究浦东信息产业集群时发现，全球价值链上的领导企业通过知识产权控制等方式设计进入壁垒，阻止当地企业向研发设计、营销、品牌的价值链高端环节升级。GVC重构下中国企业的内生增长与外生增长是价值权力争夺的能力建设，企业需加强全球化的技术、信息、营销、权力和社会关系等价值支撑网络建设，提升国内外市场运作的能力和效率（陆颢，2017）。

（三）网络能力理论

网络能力指位于网络中的企业用于集聚、整合和配置分散于网络内的各种资源，与企业内部的资源协同互补，以此提高企业绩效和提升竞争优势的能力（方刚，2011）。有学者关注企业在社会网络中的位置对企业活动的影响，并根据位置不同将网络能力分类为中央性的网络能力和效率性的网络能力。网络能力影响代工企业升级，但有利于代工企业的创新与知识学习，代工企业可以通过寻找合作伙伴、构建网络关系、整合网络资源等直接作用于企业技术创新，通过知识转移进一步提升技术创新效果。发展势头是诱导网络权变的原因，技术权变、渠道权变与复合权变是网络权变的过程，网络权变是理解和推动传统产业突破"低端锁定"的重要研究范式（邓智团，2016）。

（四）小结

现有的关于代工企业升级能力的研究主要集中在能力理论、权力理论、网络能力理论，研究比较成熟，这些成果为本书研究提供如下启示：

（1）关于代工企业升级能力的研究关注到代工企业升级过程中能有效利用企业内外部环境中的各种资源、能力，转化为自身的升级能力，推动代工企业升级。关于营销力、技术力已开发出成熟的量表，很多学者利用案例、量化分析方法对此进行了验证。从现有的文献看，忽略了企业沿着价值链移动过程中能力的变化、转变及相互协同的作用关系。

（2）企业能力向企业升级或企业绩效转化的过程中，既会受到若干变量的缓冲作用，如核心能力、创新方法等因素的影响，也受到网络关系、消费者认知、企业文化等因素的调节作用。但还没有学者构建整体研究框架，来研究这些变量间的关系，因此，本书通过研究可以拓展代工企业升级过程中企业能力与企业升级变量间的相互影响关系。

三、代工企业升级的研究述评

（一） 代工企业升级的影响因素

影响企业升级的因素来自企业内部和外部两个方面，大前研一认为，企业转型的首要条件是领导者决心，Cantwel 和 Tolentino （1987） 关注于技术创新对产业升级的影响。20 世纪 90 年代初期，韩国、中国台湾、中国香港等国家和地区的经济发展源于西方发达国家直接的投资，并跨入高科技生产制造和研究开发的领域。另外，企业规模、市场结构、政府投入、行业和所有制特征、集聚效应和出口贸易的技术标准化要求等也会影响企业的升级。

全球价值链 （GVC） 背景下，影响与制约中小制造企业升级的因素，包括本地企业家能力、技术创新能力、知识内部化及资本化能力等，它们对企业全球价值链升级有正向促进作用。丁小义和程惠芳 （2018） 研究认为，以低端型分工为主的国家如何培养和形成有效的内部驱动力更为重要，选择不同类型的要素投入，实现有效驱动力及分工模式和地位的优化，在新一代信息技术快速发展背景下，"机器换人" 成为传统制造业转型升级、全球经济竞争格局重塑的重要手段和现实路径 （刘胜和陈秀英，2019）。

（二） 代工企业的升级路径

1. 国外代工企业模式与升级途径研究

Gereffi （1999） 较早认识到产业的升级问题，归纳总结了产业升级的升级路径是工艺升级、产品升级、功能升级和链条升级。工艺升级是对生产制造工序、生产工艺进行改造，以提高生产效率；产品升级是同类型的产品从简单到复杂的升级过程；功能升级是部门层次上的升级，企业扩展营销、品牌、服务等部门的职能工作；链条升级是企业从低价值产业向高附加值产业升级。Gereffi 认为，代工企业参与全球价值链分工，在与跨国企业合作过程中，可以学习先进的技术、管理经验而顺利地实现技术方面的升级目的。实际上，跨国企业会尽量减少合作中的知识转移、技术溢出，控制代工企业的技术追赶，从而保持在价值链上的领先地位，使代工企业无法实现升级。

Humphrey 和 Schmitz（2002）提出了全球价值链分工下的代工企业升级路径有四种：流程升级、产品升级、功能升级和部门间升级（链条升级）。流程升级是通过重组产品系统或引进高级技术，使投入更加有效率地转化为输出。产品升级是组建更加复杂、精细的生产线，增加产品的增加值。功能升级是企业获取新的功能，如设计、营销和品牌，或放弃现有的功能，提升企业经营活动的技能总量。功能升级可以理解为企业从贴牌生产（Original Equipment Manufacture，OEM）→设计制造（Own Design Manufacture，ODM）→自主创新品牌（Own Brand Manufacture，OBM）的功能增加或转换的过程。部门间升级（链条升级）是企业从事新领域的产品经营活动，如通过在电视机制造技术的知识获取转向生产显示器或其他计算机设备，当企业实现技术的突破式创新时，可以直接完成链条升级。

Brach 和 Kappel（2009）把技术作为企业内生变量将企业升级分为三类：一是竞争水平的提升（包括工艺升级和产品升级）；二是价值链内部的促进，从基础到支持性的活动（功能升级）；三是转变到更高质量的价值链（链或部门间升级）。企业的这些升级目标通过工艺创新、产品创新和产品差异化实现。

Hobday（1995a）研究亚洲四国的企业案例发现，东亚国家的企业在分包和代工环节中学习了工艺和产品的技能及诀窍，促使后发企业模仿制造和设计技术，与领先和追随者企业的研发、设计战略相比，后发企业开始在生产制造中进行小规模的产品创新改进。代工企业要升级实现 ODM 和 OBM 升级，还需要发展强大的营销能力，致力于建立消费者所能接受的品牌形象，在企业内部塑造创新文化氛围，增加基础投资和应用研究，以便形成有效的创新。

韩国的代工企业遵循着 OEM→ODM→OBM 的升级路径，早期引进、消化、吸收先进技术，进行模仿创新，再自主创新的道路。韩国的电子信息产业从 20 世纪 60 年代从事代工开始，80 年代自主研发设计，90 年代实现了制造、产品设计研发、品牌营销的功能升级；而中国台湾企业从代工开始，后来依靠大陆市场的依托，一部分企业专注代工，一部分企业走上了自主创新品牌的道路，如捷安特自行车、宝成鞋业等。

2. 国内代工企业模式与升级途径研究

（1）流程升级、产品升级。胡军等（2005）、刘志彪（2005）等对代工企业流程升级和产品升级的认识基本一致，认为国内的代工企业通过低端嵌入的方式参与全球价值链，熟悉和掌握专业领域的产品和技术知识，提升产品的质量和技术，学习先进企业的管理经验，逐步利用规模效应，实现产业升级。并且，国内有一部分代工企业将会持续依从 OEM 战略的选择，只有那些以较快速度积累企业升级所需的资源、资本、能力的企业，才有望实现价值链环节的攀升，成功突破跨国企业的技术锁定。代工企业的升级不仅取决于企业的创新、创业精神，也与政府的政策支持、竞争环境、行业发展特点有密切的关系。

（2）功能升级。代工企业的功能升级包括三种类型：一是从 OEM→ODM 转换的升级模式；二是从 OEM→ODM→OBM 阶段升级模式；三是从 OEM→ODM→OBM→IBM 或 OEM→ODM→（OBM）→IBM 阶段升级模式。当代工企业增加了研发设计或营销、品牌管理能力时，才有机会进行功能升级。

第一种类型：从 OEM→ODM 转换的升级模式。有学者结合台湾地区代工企业的发展现状，认为代工企业利用合作把握连续性的学习机会，进行 ODM 升级是比较适切的升级模式，而理想化的 OBM 升级因对企业的能力与资源要求不同，同时要与国际买家形成对抗，升级的困难较大，从OEM→ODM阶段升级是比较好的选择。Liu和Zheng（2013）利用生命周期理论的A-U模型寻找代工企业发展的两个"机会窗口"进行OEM→ODM的升级。研究认为，代工企业需要加强创新水平，可以通过吸收技术溢出、逆向代工、构建教育研究产业集群、自主研发四条路径获得升级的新动力，并比较分析了"机会窗口1"和"机会窗口2"不同的代工企业升级路径。

第二种类型：从OEM→ODM→OBM阶段升级模式。毛蕴诗等（2016）认为，从OEM到ODM再到OBM的路径是企业升级的一条典型路径，但升级到OBM并非易事，是一道跨越障碍，比从OEM升级到ODM的挑战性大，在这一阶段，对于企业的关键能力构建至关重要。当企业缺乏资金和能力时，可以在ODM阶段实行阶段性的缓冲，积累资源和能力，为过渡到OBM做准备。刘志彪（2005）认为，代工企业实现从OEM向ODM和OBM的转化，需要不断提高学习能力、创新能力，积累组织管理能力，积极获得社会和政府为有条件进行自创品牌的企业构建市场基础和社会需求，帮助企业培育自主创新的文化环境和制度条件，推动代工企业通过创建自主知识的品牌实现升级。

第三种类型：从OEM→ODM→OBM→IBM阶段升级模式。杨桂菊（2009）研究了台湾巨大集团的捷安特（Giant）自行车品牌从OEM→ODM→OBM→IBM的升级过程。研究表明，代工企业创建国际品牌是企业在持续升级核心能力的基础上，扩展在全球价值链的活动范围。代工企业国际品牌资产的构建来源于不断地进行知识获取、内化和创新能力，提升企业的生产制造和研发设计能力，打破长期形成的路径依赖，企业的主导核心能力从生产制造向品牌运营方向发展，形成企业独特的竞争优势。

综上所述，功能升级是代工企业升级的目标，代工企业可以根据行业特点、企业自身的能力和资源状况决定升级路径。

（3）链条升级。链条升级是代工企业从一条产业链向另外一条产业链跳跃的升级方式，当企业利用突破性创新获得嵌入其他行业的技术优势时，可进行链条升级，一些进入生命周期衰退期的行业会被迫实行链条升级。

通过国内学者对代工企业升级的文献研究可以看出，以代工方式嵌入全球价值链为代工企业资金积累和向先进企业学习提供了难得的机会，为我国的经济发展做出了重要贡献，但对代工企业的升级路径选择有不同的意见和看法。代工企业自创品牌是摆脱低端锁定的最终选择，品牌企业直接面对终端消费者，通过延伸价值链条实现不同环节的价值增值，但这对代工企业来说既是机遇，也是挑战。代工企业可以根据实际情况选择OEM、ODM、OBM 的发展路径，或者在不引起冲突的情况下，两条路径并轨运行，中国的代工企业必须主动学习先进的企业管理理念和管理方法，制定长期的发展战略，才可以在国际市场上与跨国企业进行有力的市场竞争。

（三）小结

（1）通过现有对代工企业升级理论研究，及代工企业升级的现有研究进行梳理后发现，大部分从微观层面对代工企业升级进行研究，且定性研究较多，定量研究不足，少数学者的研究涉及企业、产业和国家政策层面。因此，需要从多个层面对代工企业升级进行系统分析及定量分析。

（2）现有的能力研究中，对于代工企业的能力向权力转化方面的分析和构建较少，较少对能力组成的系统内的协同作用进行分析，对能力协同的内容、实现机制、升级路径缺乏深入探讨。因此，需要从企业角度对推动代工企业升级的能力系统进行深度研究。

四、本章小结

本章分别从全球价值链分工体系的形成与发展、代工企业升级能力的相关理论、代工企业升级能力的研究述评三个方面整理了相关的文献，是为本书后续工作的研究基础和理论指导。国内外学者对代工企业进行了大量的理论研究和实证检验，提出了建议和策略。但是，很少有学者从企业权力构建的角度对代工企业的升级进行深入探讨，本书以权力理论为入口，对代工企业升级所需的技术力、市场力和品牌力的构建、影响因素、提升策略及政府的政策制定进行广泛而深入的研究。

第三章

我国代工企业全球价值链
低端锁定现象分析

——宏观判断与微观表现

在跨国企业主导的全球化垂直型产业转移过程中，中国凭借要素禀赋的优势，参与全球化分工，中国经济成为全球化的少数几个赢家之一。然而领导企业牢牢把持着控制权以及支配全球生产网络的市场力量和领导力量，代工企业被锁定在价值链的低端。被锁定的代工企业，一方面，跨国企业不断压低供应商利润、延期付款等行为；另一方面，企业产品同质化现象严重，同行业、企业间的不良竞争情况严重（杜宇玮，2011）。

一、我国代工企业全球价值链低端锁定宏观判断

（一）加工贸易在对外贸易中仍占有重要地位

我国加工贸易经过 30 多年的发展，贸易总额不断上升，贸易规模不断扩大，对推动我国对外贸易发展起到了重要的作用，加工贸易总额从 2000 年的 2302.27 亿美元增长到 2020 年的 7024.82 亿美元，整体规模扩大近 5 倍，如表 3-1 所示。2006 年之前持续快速增长，之后增速逐年下

降，对外贸易占比由 2005 年高峰期的 48.54% 降至 2020 年的 27.12%，2000~2007 年，加工贸易在对外贸易中占比一直高于一般贸易，2007 年两种贸易方式出口总额各占对外贸易的半壁江山，基本上维持在 40% 左右。

表 3-1 2000~2020 年我国对外贸易基本数据 单位：亿美元，%

年份	加工贸易		一般贸易	
	贸易总额	占对外贸易比例	贸易总额	占对外贸易比例
2000	2302.27	48.54	2052.4	43.27
2001	2415.36	47.37	2256.79	44.28
2002	3022.93	48.68	2653.44	42.74
2003	4048.59	47.57	3699.89	43.48
2004	5500.55	47.61	4913.35	42.56
2005	6908.18	48.56	5948.44	41.83
2006	8321.67	47.25	7495.95	42.58
2007	9865.12	45.31	9672.52	44.45
2008	10537.78	41.10	12342.48	48.15
2009	9094.19	41.19	10621.55	48.11
2010	11580.26	38.93	14879.45	50.03
2011	13055.15	35.84	19227.06	52.79
2012	13448.42	34.75	20093.12	51.96
2013	13853.12	32.65	21965.16	52.81
2014	14101.53	32.75	23152.33	53.82
2015	12447.9	31.49	21404.4	54.15
2016	11125.8	30.19	20283.2	55.04
2017	7588.00	32.05	12300.80	56.32
2018	7971.70	33.52	14009.90	54.34
2019	7357.10	29.44	14439.51	57.78
2020	7024.82	27.12	15373.67	59.34

资料来源：商务部（http://www.mofcom.gov.cn/）、海关总署（http://www.customs.gov.cn/）.

（二）中国制造业在全球价值链地位的变化

测定制造业在全球价值链的地位情况，通常用增加值的角度判断全球价值链分工条件下制造业国际竞争力的分工环节和价值增值能力。Hummels 等

（2001）较早用一个国家投入产出来计算出口贸易中的国内贸易增加值，反映垂直专业化程度，Koopman（2010）在其基础上利用联合国COMTRADE数据建立了国家间投入产出表以衡量出口贸易中的国内增加值，是近年来为了适应价值链扩张而产生的一种新的测算国际分工体系的方法，测算对象细化到产品价值链上从生产到销售各个环节的贸易流量所产生的贸易净增加值。

Koopman（2010）提出的全球价值链分工地位指标（GVC Position）使用了GVC Position、IV（Indirect Value-Add Expot）、FV（Foreign Value-Added）、DC（Domestic Contents）指数测算行业整体及细分行业的国际竞争力。如果一个国家出口中间品较少，则使用国外中间产品，即IV大于FV，GVC_ Position指数将大于零，意味着国家的竞争力处于价值链上游，该指数越大，全球价值链的分工地位越高，国内增加值含量（DC）指数越大表示本国在出口中的增加值越多，在全球价值链的分工地位越高（戴翔和李洲，2017）。2000~2014年，中国制造业整体和细分行业两个层面竞争力指数变化趋势如表3-2所示。可以看出中国制造业的整体发展呈现V形发展趋势，转折点发生在2008年金融危机前后，2014年技术密集型制造业的国际竞争力指数全为负，说明这类企业只融入全球价值链的加工组装环节，中国制造业竞争力较强的部分体现在劳动密集型领域。

表3-2　2000~2014年中国制造业整体及细分行业国际竞争力指数

	行业代码	2000年	2002年	2004年	2006年	2008年	2010年	2012年	2014年	2000~2014年增量
劳动密集型	IC5	-0.006	-0.015	-0.024	-0.010	0.021	0.033	0.065	0.078	0.084
	IC6	-0.103	-0.114	-0.024	-0.996	-0.092	-0.077	-0.055	-0.042	0.061
	IC7	0.057	0.045	0.038	0.089	0.073	0.072	0.099	0.107	0.050
	IC8	0.177	0.225	0.292	0.229	0.399	0.349	0.356	0.318	0.118
	IC9	0.200	0.268	0.268	1.073	0.389	0.349	0.356	0.318	0.118
	IC16	-0.025	-0.028	-0.064	-0.316	-0.052	-0.055	-0.053	-0.038	-0.013
	IC22	-0.067	-0.069	-0.100	-0.052	-0.074	-0.068	-0.056	-0.051	0.016

续表

	行业代码	2000年	2002年	2004年	2006年	2008年	2010年	2012年	2014年	2000~2014年增量
资本密集型	IC10	0.107	0.061	0.027	0.172	0.168	0.150	0.021	0.053	-0.054
	IC11	0.095	0.084	0.020	0.049	0.026	0.041	0.043	0.058	-0.037
	IC12	-0.007	-0.003	-0.033	-0.235	-0.040	-0.037	-0.030	-0.017	-0.010
	IC13	-0.014	0.006	-0.051	-0.337	-0.047	-0.029	-0.009	0.013	0.027
	IC14	0.110	0.050	0.001	0.011	0.007	-0.006	-0.008	0.007	-0.102
	IC15	0.105	0.163	0.078	0.185	0.086	0.085	0.050	0.045	-0.060
技术密集型	IC17	-0.175	-0.191	-0.240	-1.494	-0.238	-0.190	-0.169	-0.141	0.334
	IC18	-0.089	-0.081	-0.140	-0.928	-0.133	-0.124	-0.113	-0.097	-0.008
	IC19	-0.008	-0.026	-0.091	-0.391	-0.095	-0.091	-0.077	-0.058	-0.050
	IC20	0.100	0.128	-0.029	-0.057	-0.046	-0.013	-0.027	0.000	-0.100
	IC21	-0.100	-0.087	-0.141	-0.640	-0.138	-0.148	-0.141	-0.100	0.000
制造业整体		-0.069	-0.076	-0.124	-0.124	-0.108	-0.094	-0.078	-0.058	0.011

资料来源：戴翔，李洲. 全球价值链下中国制造业国际竞争力再评估——基于 Koopman 分工地位指数的研究 [J]. 上海经济研究，2017 (8)：89-100.

在世界投入产出数据库 WIOD 划分的 56 个行业中，代码 IC5-IC22 共 18 个行业为制造业行业，劳动密集型行业分别为食品、饮料及烟草业 （IC5），纺织、服装及皮革业 （IC6），木材加工 （家具除外） 及木、竹、藤、棕、草制品业 （IC7），造纸及纸制品业 （IC8），印刷及出版业 （IC9），金属制品业 （机械设备除外） （IC16），家具制品及其他制造业 （IC22），资本密集型行业包括炼焦及石油业 （IC10）、化工产品制造业 （IC11）、医药制品业 （IC12）、橡胶及塑料制品业 （IC13）、其他非金属矿物制品业 （IC14）、基本金属制品业 （IC15），技术密集型行业包括计算机、电子及光学设备制造业 （IC17），电气设备制造业 （IC18），机械设备制造业 （IC19），小汽车、拖车、半挂车制造业 （IC20），其他运输设备制造业 （IC21）。

中国同其他国家（地区）2000～2014① 年制造业国际竞争力指数如表 3-3 所示（戴翔和李洲，2017），从数据上看，2014 年，中国制造业竞争力（GVC-P 指数值）排在全球第三位，仅次于国际竞争力指数为正的两个国家美国（0.01）和俄罗斯（0.14），中国制造业出口中的国内增加值含量（DC）及国外出口中包含的中国中间品（IV）增长也呈现快速增长之势，排名靠前。

表 3-3　中国制造业国际竞争力指数的国际比较

单位：百万美元, %

国家	GVC-P 指数值		DC		DC 份额		IV		FV	
	2000 年	2014 年	2000 年	2014 年	2000 年	2014 年	2000 年	2014 年	2000 年	2014 年
中国	-0.07	-0.06	108246	927970	54.34	46.52	20323	211746	35898	342982
澳大利亚	-0.06	-0.11	17118	28023	43.91	38.95	5132	7740	8086	16914
巴西	-0.004	-0.006	18089	47295	39.64	32.23	4222	12982	6124	23486
美国	0.08	0.01	354745	566309	60.86	50.03	126499	192466	72129	177434
俄罗斯	0.13	0.14	20247	78102	69.27	53.86	8553	39436	3910	15258
德国	-0.08	-0.12	227323	579134	48.66	44.14	65110	184699	110076	383427
英国	-0.65	-0.12	105949	140394	45.66	45.79	32410	45142	50361	90013
日本	0.07	-0.09	254043	331004	61.65	49.58	71933	100544	40220	171456
韩国	-0.14	-0.19	78810	255984	46.73	42.24	23447	79245	53157	221224

资料来源：戴翔，李洲. 全球价值链下中国制造业国际竞争力再评估——基于 Koopman 分工地位指数的研究 [J]. 上海经济研究，2017（8）：89-100.

根据 Koopman（2010）的测算方法，以最终产品的进出口数据衡量发现，我国制造业在全球价值链分工地位得到了明显提升。中国是"世界工厂"体现在生产和组装两个环节，而增加值较高的中间品依靠进口，除去中间品的环节，我国在全球价值链分工体系中的地位将大幅下降，并未居

---

① 此表的数据来自戴翔、李洲《全球价值链下中国制造业国际竞争力再评估——基于 Koopman 分工地位指数的研究》的研究数据，其中数据的截止时间为 2014 年。

于主导地位，中国和中南半岛经济走廊国家的泰国和老挝等国的 GVC 地位无显著性差异（熊彬和范亚亚，2019）。我国的制造业已然陷入国际分工的"陷阱"，处于全球价值链分工体系的底端，我国现阶段仍以加工贸易为主，中国只是充当发达国家先进企业的打工者。新李斯特主义认为，中国要改变制造业发展模式，应重点发展高端产业，才能真正摆脱国际分工的陷阱（沈梓鑫和贾根良，2014）。中国企业需通过加强自主创新建设，进入资本密集型和知识密集型的价值链高端，才能实现中国经济的腾飞。中国参与全球价值链分工的关键问题是如何有效地参与分工以逐步提升自身的国际分工地位，对一国的经济增长与就业而言，做（Do）什么要比销售（Sell）什么更加重要、有意义（程大中，2015）。

二、我国代工企业全球价值链低端锁定微观表现

（一）代工企业增收不增利的发展困境

在经济全球化背景下，我国代工企业以生产制造嵌入全球价值链分工的低端环节，而发达国家跨国企业则承担研发、关键零部件生产制造、品牌营销、服务等高附加的环节，跨国企业承担着全球价值链治理的职能，如美国的耐克、苹果等公司都实现了全球范围组织产品的生产制造、研发与品牌营销活动。我国有大量的企业从事代工生产制造，2018 年，我国出口贸易总额为 30.5 万亿元，增长 4.0%，占进出口总额的 27.5%，比上年下降 1.5 个百分点，从产品的生产过程来看，生产环节的利润是最低的，这些代工企业获得的利润极其微薄。

以存储量为 30GB 的 iPod video 为例，分析 iPod video 产品价值增值过程各个环节的零部件价格的分配情况见表 3-4（江静和刘志彪，2007）。

一台 iPod 最终在市场上的售价为 299 美元，其中，加工组装费 8 美元，包括代工企业的资产、劳动力等生产成本；iPod 产品的核心零部件包括微型硬盘来自日本东芝、解码器来自美国 Broadcom 公司、PCB 板来自荷兰飞利浦等，三个零部件的价格总和为 76 美元，是组装一台产品的 9 倍多。实际上，代工企业获得的最终利润非常低，仅占产品销售价格的 2.68%。在合作的过程中，产品主导方为了提高利润，还会不断地打压产品组装的价格，有人称很多代工企业是压榨工人的血汗工厂。

表 3-4　iPod 全球价值链各环节增加值　　　　单位：美元

	零部件编号	供应商	说明	估计成本
零部件供应环节	MK3008GAL	日本东芝公司	30GB 1.8 英寸微型硬盘	65.00
	PP5021	美国 Portalplayer 公司	解码器/soc（片上系统）	8.00
	BCM2711	美国 Broadcom 公司	视频解码器/处理器	10.00
	K4S56163PF	韩国三星公司	SDRAM　256M bit 音频多媒体数字信号编	1.75
	WM8758	英国欧胜威电子	解码器	3.75
	LTC4066	加拿大凌特公司	USB 电源管理	1.6
	LM34910SD	美国 National 公司	降压开关调整芯片	0.75
	TEA1211	荷兰飞利浦公司	12C 总线接口直流—直流交换器	1.00
	SST39WF800A	美国 Silicon Storage	8M 平行闪存储器	1.3
	PCF50607	荷兰飞利浦公司	电源管理单元	2.5
	CY8C21	美国赛普拉斯半导体公司	混合信号阵列可编程 SoC	0.85
			触摸控制轮	2.5
			充电锂离子电池	4.5
			2.5 英寸彩色液晶显示屏	15
			PCB 板	15
			其他包装和配件	10
生产环节	组装加工费			8
营销环节	宣传费			10

续表

	零部件编号	供应商	说明	估计成本
苹果公司 每部 iPod nano 收益	经销代理商收益			137.5
产品售价				299

资料来源：江静，刘志彪. 全球化进程中的收益分配不均与中国产业升级 ［J］. 经济理论与经济管理，2007（7）：26-32.

早期中国代工企业为跨国企业进行贴牌生产组装，重要原因是基于中国廉价的劳动力、原材料的资源禀赋，很多代工企业成为跨国企业在中国的生产制造、组装基地。随着我国经济的快速发展，人口红利逐渐消失，各种生产成本大幅度上升，中国代工企业失去了资源的比较优势，利润空间减小，与跨国企业议价时完全受对方牵制。以中国服装业为例，近年来受到来自越南、柬埔寨、印度等南亚及东南亚国家的竞争压力越来越大，这些新兴工业化国家和地区在成本方面优于中国。以劳动力成本为例，中国的劳动力成本由 2007 年的 0.85 美元/小时增加到 2014 年的 2.65 美元/小时，期间，中国的劳动力成本上涨了 2.1 倍，东南亚国家的劳动力成本都比中国低，柬埔寨 0.62 美元/小时、越南 0.74 美元/小时、印度尼西亚 0.95 美元/小时、印度 1.12 美元/小时，柬埔寨的劳动力成本甚至低于中国 8 年前的水平，这些国家的劳动力成本增长幅度也低于中国国内平均，约为中国的 50% 左右。我国上海市服装业工人的工资由 2005 年的16958 元上涨到 38429 元，浙江省由 14938 元上涨到 30633 元，增长一倍还要多（刘爱玉，2017）。在这样的情况下，跨国企业纷纷关闭中国的生产加工基地，取消与国内代工企业的续约，转战东南亚等更具有资源优势的地区。

中国的代工企业在两头挤压的情况下，全面进入微利时代，代工企业增收不增利的现象相当普遍，多数陷入了发展的困境，代工企业的升级发展是众多企业面临的艰难抉择。

（二）全球治理者——跨国企业的封锁与控制阻碍了代工企业功能升级

代工企业与跨国企业的合作过程中，为了促进代工企业更好地完成合约任务，跨国企业会对代工企业的生产工艺、设备引进进行技术指导。Gereffi（1999）在研究东亚服装产业升级时发现，嵌入全球价值链分工环节的代工企业被跨国企业俘获，发展中国家的企业在工艺升级和产品升级方面有升级的可能性，初期存在快速的升级空间，但后期技术升级会受到来自跨国企业压制。富士康是苹果在中国的代工厂商，富士康为了保持与苹果的合作关系，购置大量的生产线，安排员工培训等提升代工关系，当苹果去寻求新的代工厂商时，富士康公司的经营业绩一度大幅下滑，与跨国企业的密切关系反而给公司发展带来了风险。国际大买家和跨国企业通过以下措施阻止和打压代工企业实现功能升级及链条升级：①通过设置质量、环保和安全等贸易壁垒及技术壁垒，遏制代工企业提升技术水平；②为了防止知识转移和技术溢出，通过设备将技术知识物化，逼迫代工企业投资设备满足代工条件，或将国外落后设备转移到国内（胡大立和刘丹平，2014）；③代工企业与跨国企业合作的能力提升侧重生产、制造方面的技术改进，从而使企业的生产能力迅速提升，但代工企业容易陷入专业化的陷阱，代工企业进行大量专用型投资购买厂房和设备，形成了沉没资本，一旦失去跨国企业的订单，企业只能倒闭。

（三）企业家精神缺乏阻碍了代工企业升级

Shane 和 Venkataraman（2000）认为，企业家精神包括三个方面：机会、企业家和企业家发现、评估及探索机会的过程。Jack 和 Anderson（2002）从结构性的视角提出企业家精神嵌入在社会系统中的互动过程，企业家能够改变机会，企业家精神具有能动性（杨海儒等，2017）。代工企业升级是发挥企业家精神，寻找、创造市场机会，重塑企业发展的持续动力，是对未来市场的预判，有很大的不确定性。

改革开放以来以制度能力发展对外贸易的加工企业，形成了一批"制度企业家"，企业家精神的核心是充分利用国家的制度创新寻求发展机遇，"制度企业家"无法适应进入市场化进程中的"市场企业家"的身份转变，原有的企业家精神成为代工企业升级的障碍因素，形成了制度创新的依赖，缺乏市场创新的勇气（程虹等，2016）。主要表现在以下几个方面：

（1）长期以来，国家制度建设提供了企业惰性的"温床"，制度创新的甜头致使很多企业畏惧自身的改变带来的风险，包括失去现有客户订单、产品开发失败、产品客户不认可、市场开拓乏力等。

（2）企业家精神的社会责任感缺失，把企业作为盈利的工具，意识到创新风险较高，主动规避高投入、高风险的企业行为，或投入风险低、热门、投资周期短的经营活动，没有认识到创新是企业家利用积累的财富去改变社会的责任感。

（3）自主创新意识和能力薄弱，发现机会和创造机会的能力不足，无法抓住瞬息万变的市场机会。缺乏以冒险、创造欲、事业心和成就感为基础特质的企业家精神，使企业自主创新缺乏先天动力源（胡大立和刘丹平，2014）。

三、本章小结

本章对我国代工企业全球价值链低端锁定的现象，从宏观层面和企业微观层面进行判断分析。宏观锁定现象从代工企业参与国际分工的总体情况、我国高端产业加入全球价值链低端环节和中国制造业企业在国际分工中的地位进行分析；低端锁定的表现从代工企业增收不增利的发展困境、全球治理者——跨国企业封锁与控制阻碍了代工企业功能升级和企业家精神缺乏阻碍了代工企业升级三个方面进行分析。代工企业都面临着被跨国企业技术锁定的风险，我国高新技术产品的出口被加工贸易所控制，给我国企业核心能力的提升带来了危害。

第四章

我国代工企业实现全球价值链高端攀升的
驱动力及影响因素分析

企业是一个由多种能力组成的系统，是基于能力元的能力架构。能力元是能力系统基本构成要素，是关于企业管理的各层次构成元件的知识（王毅等，2000）。企业是一个多层次能力网络，能力架构是各层次能力之间的相互关系。本书主要关注代工企业升级需要的推动力有哪些，之间有什么逻辑关系，有哪些因素会影响到推动力的形成与发展，如何协同作用于企业升级绩效？

一、我国代工企业实现全球价值链
高端攀升的理论基础

Day 和 Wensley（1988）提出了 SPP 范式（Sources-Positional Advantage-Performance），即企业的优势来源于资源和能力，决定了企业由差异化和低成本战备组成的定位优势，进而影响企业绩效。优势来源于超级资源（规模优势、产品种类、市场销售率和分销覆盖率）和超级技能（员工的独特竞争力及其他超级技能），如图 4-1 所示。Barney（1991）讨论了企业资源与持续竞争优势之间的关系，这些资源是异质的，产生持续竞争优势的四个实证指标是价值性、稀缺性、不可模仿性和不可替代性，企业环境面临的社会复杂性会影响到资源的模仿性特征。企业良好的声誉如果只有少数竞争对手拥有，则具备稀缺性的特点，也是持续竞争优势的来源。这种观点强调低成本、高质量或产品性能给企业带来的盈利，竞争优势来自产品市场的"上游"，并取决于企业的独特和难以比拟的资源。Teece（1997）认为，公司的成功甚至未来发展的真正关键在于发现或创造"真正与众不同"的能力，这意味着技能获取、知识和诀窍的管理及学习等问题成为基本的战略问题。全球市场的赢家是能够及时反应、快速灵活的产品创新以及有效协调和重新部署内部和外部能力管理能力的公司，以适应不断变化的环境要求，使企业具有吸引力的市场地位。动态能力反映了一个组织在给定路径依赖性和市场地位的情况下，实现新的和创新的竞争优势形式的能力。能力必须根据用户需求（因此有收入来源）、独特性（生产的产品/服务可以在不考虑竞争的情况下定价）和难以复制（利润不会被竞争）确定。声誉概括了关于公司的信息，并形成客户、供应商和竞争对手的反应，信誉资产被视为一种无形资产，使企业能够在市场上实现各种目标，它的主要价值是外部的。

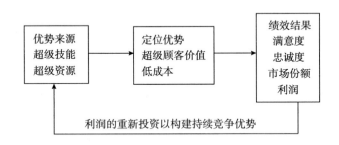

图 4-1　竞争优势要素

核心能力是企业管理的不同定位优势战略，具体而言体现在以下几个方面：

（1）管理者必须赢得核心产品的制造业领导地位，是新业务发展的源泉，提供了进入市场的潜在途径，并通过开发规模经济的品牌建设获得市场份额。

（2）核心能力为最终产品的感知客户利益做出贡献，企业应创建一个能够使产品具有不可抗拒的功能组织，开发客户需要但还没有想象到的产品，以提高最终产品的客户感知价值。

（3）核心能力是竞争对手难以模仿的，竞争对手很难复制组织的内部协调和学习模式。

Gereffi（1999）提出了企业升级的概念，认为代工企业从以出口导向的装配等劳动密集型活动向 OEM 和 OBM 等制造形式更为一体化的技能密集型经济活动转变时，这一过程中始终体现着企业能力的推动作用。定位优势有低支付成本和超级顾客价值，有时可以与"独特能力"互换使用，表示技能和资源方面的相对优势。前者是通过企业规模、知识和学习能力利用低成本的活动实现；后者通过有关广告支出、服务人员的技能和经验等企业决策选择，在价值链上与供应商和分销商协调，企业通过先机优势的获取等实现。在一定程度上，定位优势与企业核心能力存在关联。

综上所述，本书研究的理论基础来源于 Day 和 Wensley（1988）关于竞争优势理论、Barney（1991）的资源基础理论、Teece（1997）的动态能力理论以及 Gereffi（1999）的企业升级理论，在此基础上，基于中国代工企业的情境进行进一步的理论探索及实证研究。

二、我国代工企业实现全球价值链高端攀升的驱动力构成

前文分析了能力获取与提升是企业升级的必要条件，为此需要进一步研究推动企业升级的能力组合。吴晓云和张欣妍（2015）研究认为，包括

技术能力、网络能力、营销能力等，技术力是企业在技术改进和创新方面取得的成果，并得到广泛的关注，营销能力包括企业品牌建设的能力和市场管理能力，在此引申出营销力和品牌力，网络能力作为外生变量，不考虑将其作为推动企业升级的内在动力。杨桂菊（2009）构建了代工企业升级能力，包括组装和制造能力、研发设计能力、品牌营销能力和国际化运营能力，首次将品牌与营销能力合并组成企业的重要升级能力。王春晓、刘润刚（2016）从品牌关系视角提出，权力感会影响消费偏好，对口碑传播、推荐和网络关系等产生影响。国务院办公厅在 2016 年 6 月发布的《关于发挥品牌引领作用推动供需结构升级的意见》中提出"督促企业坚持信用底线，提高信用水平，在消费者心目中树立良好企业形象"[①]，体现了推动企业发挥品牌力的政策性文件。刘志彪（2005）强调，中国制造业在升级过程中培育包括设计能力、研发创新能力和品牌运作能力的动态能力，将品牌力定义为品牌运作能力。

于明超（2008）认为，本土代工企业在决策转型升级时，要权衡升级风险的存在对企业的影响，尤其是向 OBM 升级时，是个艰难而痛苦的过程，一旦失败不可能像设备、厂房、土地等有形资产投资那样可以正常收回（刘志彪，2005）。代工企业在沿着垂直方向升级的过程中，同时受到代工企业所处的横向价值网络的制约，在每一张网络中，权力是影响网络的主导因素之一，跨国企业是价值网络的主导者，经济全球化实质是跨国企业权力全球范围内的深度分配，跨国企业一直维持着网络内部的权力结构。

权力来自企业关键的资源和能力，福柯（1980）明确指出，资源不平均导致权力不平等。代工企业升级过程中的权力变化，跨国企业的资源如技术、品牌、市场等因素直接构成了企业的权力来源（Smith，2003）。根据以上分析，构建基于价值链的代工企业权力改变关系，如图 4-2 所示。

---

① 国务院办公厅. 国务院办公厅关于发挥品牌引领作用推动供需结构升级的意见（国办发〔2016〕44 号）〔Z〕.2016.

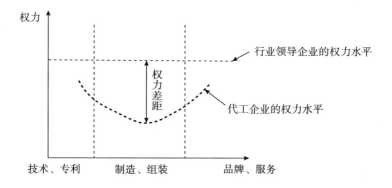

图 4-2　基于价值链的代工企业权力改变关系①

从图 4-2 可以看出，以 OEM 代工形式为主的代工企业与跨国企业的权力差距最大，代工企业在升级过程中，随着不断打破由跨国企业控制的平衡权力网络，向微笑曲线的两端延伸无限接近于跨国企业。本书将利用扎根方法提炼代工企业全球价值链高端攀升的驱动力。

（一）研究方法与研究设计

1. 研究方法

本书利用扎根理论的质性研究方法，提炼推动代工企业向价值链高端攀升的驱动力。Glaser 和 Strauss（1967）提出了扎根方法，扎根方法是一种科学的质性研究方法，遵循科学原则、比较原则，通过对反映实际情况资料、数据收集，进行假设难与理论的建立。质性研究方法是理论、方法、范式等组成的一个多元的、松散的集合，扎根理论方法是综合性的质性研究方法。扎根理论透过现象学探究核心的社会心理或社会结构的过程，以备忘录的形式发展出社会实际现象与情境下的理论（李晓凤和佘双好，2006）。扎根理论方法提供了一整套明确的系统化的策略，秉持"持

---

① 将行业领导企业的权力水平统一地表示成一条直线，是为了示意说明，简化问题，以便更直观地解释代工企业与行业领导企业的权力差距，在实际社会中，领导企业的权力水平是呈现多样化的状态。

续比较"和"理论取样",坚持数据收集与理论提炼形成的互动过程,实现"收集数据—形成理论—再收集数据—完善理论"循环过程。扎根理论研究方法有原始扎根理论、程序化扎根理论和建构型扎根理论三个流派,程序化扎根理论引入主轴编码环节,通过范式矩阵,建立范畴与概念之间的关系(陈虹等,2019)。扎根理论的研究工作流程(Pandit,1996)如图4-3所示,扎根理论的核心工作是资料的收集及其归纳、演绎的过程。有关代工企业升级能力的研究不是很完善,代工企业升级能力的研究符合Eisenhardt(1989)和Yin(2010)所提出的案例研究适用于现有研究并不充分的领域,适用于解决特定情境下的"如何"和"为什么"的问题。本书利用扎根理论构建代工企业升级的驱动力。

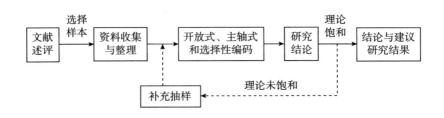

图4-3 扎根理论的研究工作流程

2. 研究设计与实施

进行抽样选择、决定样本结构时,决定性的考虑因素是样本所含有重要信息的丰富性(文军和蒋逸民,2010)。本书研究的对象是有升级愿望的代工企业,为了实现利用扎根理论研究代工企业升级驱动力的目的,选择企业中熟悉企业管理工作、尽量是本科及本科以上学历的员工,访谈对象以技术部、生产部、市场部、营销部、对外发展部等部门的负责人为主,以便于受访者可以尽快尽好地明确研究目的和研究问题。理论饱和的标准是在特定时空内很难再收集到新的经验材料,在保证样本理论饱和的前提下,本书选取26家代工企业为研究样本,样本涵盖纺织业、纺织服装、服饰业、制鞋业、家具制造业、计算机、通信和其他电子设备制造业等。

在访谈中，以深度访谈方式获取数据资料。深度访谈收集的数据多为文字表述形式的，是一种与受访者面对面、无结构化的访谈方式，深度访谈能观察对方的波动，可以通过与受访者的言语、表情、非肢体语言的互动交流及把握，探测受访者的心理变化，灵活调整访谈的方式和节奏，以期获得较为准确地反映代工企业升级驱动力的思想和观点，揭示能力驱动与代工企业升级之间的关系。访谈内容主要以提升代工企业升级动力的举措、阻碍代工企业升级的因素以及在代工企业升级过程中遇到的困难为主，例如"企业愿意提升能力进行创新吗？"每人/次访谈时间均在 60 分钟以上，共 26 人次。遵循真实性、准确性、完整性和简明性的原则（文军和蒋逸民，2010），对访谈资料进行初步处理、整合，确保资料数据可以真实地反映代工企业升级的情况。从访谈资料中随机挑选出 21 家企业的访谈数据资料用于三级编码分析，剩余 5 家代工企业的访谈数据资料用于扎根理论饱和度检验。为了提高研究的效度，采取三角部分的方法用多种资料收集方法、资料来源、分析者或理论研究，避免由于一种资料收集方法、来源和分析者或理论产生的偏见，在编码中严格遵循扎根理论研究方法的步骤，对访谈资料进行概念化和范畴化，对争议的概念和范畴根据专家意见进行删减及修订。

（二）代工企业升级驱动力分析

1. 开放式编码

开放式编码旨在用概念标示资料和现象，对原始访谈资料进行拆解，陈述被分解为意义单位，配以相应的注解和概念。在资料中发现的对研究问题特别重要的现象时，将这些编码进行分组和归类，确认和发展概念的特征及维度（弗里克，2011）。提炼时挑选出相对完整、语义丰富的样本进行初步的概念提炼，然后结合其他案例进行比较分析，不断完善和修正现有的概念范畴，直至满意为止。在提炼过程中，概念和范畴的命名均来自现有文献中成熟的研究理论，以研究结论中的关键词汇作为参考命名依据。

依据原则从被访者的访谈资料中提炼初始概念，共获得619余条原始语句及对应的初始概念。因初始概念数量较多且存在交叉重复的现象，所以对初始概念进一步进行分解、提炼、归纳，将相关相近的概念聚焦在一起，实现概念范畴化。不断重复以上过程，通过这种方式所产生的范畴再次得到编码，最终从资料中抽象出37个范畴，分别是标准制定的话语权、核心关键技术、技术转化、产学研合作、技术联盟、技术超越、知识管理、学习能力、创新环境、创新模式、创新链、知识搜索、渠道成员的权力、渠道合作、渠道伙伴的关系、供销价值链、竞合协同性、渠道转型、利益相关者的需求、市场占有地位、市场感知能力、市场调研、市场策划、竞争对手的优势劣势、国内市场、企业整合信息、顾客满意度、沟通渠道整合、沟通信息协调、传递顾客价值、消费者品牌素养、品牌知名度、自主品牌、品牌控制、品牌故事、品牌美誉度、品牌忠诚度。开放式编码得到的相关范围及由原始资料语句提炼的初始概念，如表4-1所示。

表4-1 开放式编码范畴化

原始数据	概念化
代工企业面临升级的困境，品牌成为企业竞争中有力的法宝，谁拥有品牌，谁就拥有了市场中的竞争力。以前企业做代工的时候，只负责生产，很少参与产品设计、研发，有时只对其中的内容做简单的调整、修改，企业对市场和品牌管理没有经验，很多企业在劳动力成本、原材料上升后，一些有资金、有技术的企业愿意并尝试创建自主品牌，实现企业升级，将产品从国外市场转向国内市场，同样的产品并没有得到国内消费者的认可，这些自主品牌的知名度和认可度和国外品牌相比有着很大的差距。企业要进行升级，需重新开辟国内市场渠道、加大研发投入、更新设备、了解国内消费者需求，其中的风险也比较大。目前，国家经济运行稳定，经济环境较稳定，消费者的消费能力逐年提升，国内市场未来发展空间很大，企业升级有着很大的发展前景	国内市场；渠道合作；消费者品牌素养；市场调研；自主品牌
……	……

2. 主轴式编码

主轴式编码是对开放式编码中形成的范畴加以提炼和区分，关联各个独立的范畴，选择出一些最值得进一步分析的范畴，以更好地发展主范畴。

主轴式编码是在开放性编码基础上归纳和查找初始范畴间的逻辑关系及内在次序，将37个初始范畴重新归纳为专利申请、行业标准、技术联盟、创新人员、产品创新、工艺改进、渠道联盟、渠道创新能力、渠道开发能力、市场研究能力、产品市场份额、消费者沟通能力、品牌传播、品牌定位、品牌形象、品牌溢价16个副范畴。进一步提取技术领先能力、技术创新能力、渠道管理能力、市场开发能力、关系管理能力、品牌价值增值能力6个主范畴。主轴译码结果如表4-2所示。

表4-2　主轴式编码形成的主范畴

主范畴（6个）	副范畴（16个）	初始范畴（37个）
技术领先能力	专利申请；行业标准；技术联盟	标准制定的话语权；核心关键技术；技术转化；产学研合作；技术联盟；技术超越
技术创新能力	创新人员；产品创新；工艺改进	知识管理；学习能力；创新环境；创新模式；创新链；知识搜索
渠道管理能力	渠道联盟；渠道创新能力；渠道开发能力	渠道成员的权力；渠道合作；渠道伙伴的关系；供销价值链；竞合协同性；渠道转型
市场开发能力	市场研究能力；产品市场份额	利益相关者的需求；市场占有地位；市场感知能力；市场调研；市场策划；竞争对手的优势劣势；国内市场
关系管理能力	消费者沟通能力；品牌传播	企业整合信息；顾客满意度；沟通渠道整合；沟通信息协调；传递顾客价值；消费者品牌素养
品牌价值增值能力	品牌定位；品牌形象；品牌溢价	品牌知名度；自主品牌；品牌控制；品牌故事；品牌美誉度；品牌忠诚度

3. 选择性编码

选择性编码是在更高的抽象度水平上继续进行轴向式编码，目的在于找出核心范畴，其他已经提出的范畴可以围绕核心范畴得以归并和融合。核心范畴会在特性和维度方面再度得到发展，并通过使用编码模式与其他范畴联系起来。

结合访谈内容对 6 个主范畴进一步比较发现，"技术领先能力"和"技术创新能力"是企业升级过程中和技术有关的能力，因此将二者结合起来命名为"技术力"这一核心范畴。"品牌价值增值能力"和"关系管理能力"是企业升级过程中有关品牌管理和消费者关系的能力，因此将两者结合起来命名为"品牌力"。"渠道控制能力"和"市场开发能力"表现为企业升级过程中市场方面的能力，将两者集中归纳为"市场力"。选择性译码结果如表 4-3 所示。

表 4-3　主范畴的典型关系结构

编号	核心范畴	主范畴
1	技术力	技术领先能力；技术创新能力
2	品牌力	品牌价值增值能力；关系管理能力
3	市场力	渠道控制能力；市场开发能力

4. 理论饱和度检验

理论饱和度指抽样对象已穷尽，概念已相当密集，无法进一步发展某个概念、范围的特征状态（孙国辉等，2019）。本书将剩余的 5 家企业作为理论饱和度检验的对象，将收集到的数据资料进行开放式编码、主轴式编码和选择式编码得到的结论与前面的研究结论一致。举例如下：

WADB 公司专注产业链的发展，产品系列涵盖各个领域，全球员工 8 万多人，是行业内的领导企业，企业品牌价值位列行业 50 强，是多家大型跨国企业的代工厂。公司注重产品原材料的开发，申请了大量关于原材料、生产设备的专利技术，公司每年投入大量的利润用于研发、设计、扩大规模。与代工厂商品牌的人员管理、产品研发、生产环节完全独立，同时与很多国际品牌保持着良好的合作关系，通过生产、技术方面的优势，使客户的黏性不断增强。公司利用展销会等各种形式提高企业在行业内的知名度，建立与消费者的沟通渠道。

SJYC 公司秉承行业内一线品牌品质，拥有两个独立的设计研发设计中心，且公司拥有独立的产品设计团队，根据客户需要完成产品设计工作，公司全力提升品牌资产，建立了市场推广部、品牌设计部、营运管理部等部门，强化全员品牌意识。同时，公司建立完善的品质控制及售后服务体系，提高客户服务效率。

按照上述分析方法，完成对剩余 3 家企业的升级能力的检验，没有形成新的范畴和概念关系，因此认为代工企业升级的能力体系构成是理论饱和的，可以停止采样。

5. 研究结果

本书运用扎根理论对访谈资料进行了整理、分析、提炼和归纳，得到了代工企业升级能力构成，发展和完善了代工企业升级研究领域的相关理论，为代工企业升级能力的研究奠定了理论基础。本书运用扎根理论对代工企业升级能力进行研究，主要得到以下结论：技术力、市场力和品牌力三种类型能力是推动代工企业升级的能力组合，其中，技术力包括技术领先能力和技术创新能力，市场力包括渠道控制能力和市场开发能力，品牌力包括品牌价值增值能力和关系管理能力。代工企业具有升级的意愿和资金能力，会采取相关的行为去提升相关的能力，这些能力信息的提炼有助于企业调查问卷的设计。

三、技术力、市场力和品牌力的内涵

（一）技术力

技术力，也称为技术权力或技术势力，是指企业或企业联盟凭借拥有的技术优势对竞争者或潜在进入者形成的影响力、强制力。技术力可以通过技术创新、制定相关技术标准或规范大量占有市场，保障个人或团体意志，达到获取自身利益的目的。福柯最早将权力与知识联结起来，他认为权力是知识的产物，新的知识结构带来了权力的话语权（陈炳辉，2002），权力作用于关系网络中，因而具有网络权力稀缺性、控制性、依赖性、等级性和动态性等方面的特征。

技术力指企业所具备的生产制造、研发、设计及创新的能力。郑艳红和吴祈年（2014）认为，技术力是企业内部自身特有的、不易被模仿的技术资源，企业拥有的技术资源的数量、质量和利用效率的情况决定了企业技术力的强弱。

国内的代工企业正是因为缺乏核心技术力而受制于人，只能从事于简单的加工制造，赚取的是微薄加工费。目前，代工企业的技术力水平情形复杂，一些企业已经具备了某技术领域的领先优势，但多数企业的技术力持平或落后于行业内的平均水平。企业技术力的升级手段主要依靠跨国企业进行的相对于有关产品、技术的培训与学习，企业自主学习、自主创新活动明显不足。我国的代工企业处在全球价值链的加工、制造、装配等技术含量低附加值的低端环节，要摆脱这种现状，必须向技术、研发、设计等高技术含量、高附加值的环节攀升，而要向这些环节攀升，必须有强大的技术创新能力。技术力是代工企业升级的基础原动力。胡大立（2013）、刘志彪（2005）认为，企业拥有领先于其他企业的技术力，可以推动代工企业从 OEM 到 OBM 的逐步升级。

技术力是企业核心能力的重要组成部分，由于技术力是沿着某一个技术路径的持续提升，企业技术力具有累积性和路径依赖的特点（赵树宽和闫放，2006）。Morrison 等（2008）研究发现，代工企业基于路径依赖，投资专用设备和流程，忽略企业技术创新，从而影响了企业升级。俞荣健和文凯（2011）认为，跨国企业通过 GVC 治理黑箱，带动代工企业通过 GVC 嵌入，GVC 治理"组合拳"复杂、动态与隐蔽，大多数代工企业在嵌入的过程中被套牢在价值链的低端，成为跨国企业长期掠夺的对象。发达国家的跨国企业利用技术路径、控制技术标准、专利保护等技术手段形成技术优势，控制技术的发展方向与发展速度，企业的这种能力就是"技术权力"，即基于科学技术的个人和团体由于拥有较高的生存技术并能加以运用，从而产生一种影响力、强制力，其旨在保障个人和团体意志得以实现（黄继泽和刘国建，2010）。技术权力由企业的核心技术决定，是其他竞争对手很难模仿的能力。技术权力的社会控制系统本身也是一个复杂的高级社会技术形态，其形成了一个层次结构。其中，低层次技术系统总是按照高层次技术系统操控者的意志或指令运行（王伯鲁，2013）。技术权力是个体对其他的影响力或控制力，通过企业或企业联盟制定的技术标准、规范控制行业内其他的技术发展方向（胡大立和伍亮，2016）。代工企业主动嵌入 GVC 的时刻，即意味着进入了跨国企业的技术权力控制范围内，代工企业的发展方向、成长路径完全受到跨国企业的制约，这也是造成代工企业升级困难的很重要原因。由于跨国企业与代工企业间技术权力的存在，形成了两者之间的权力势差，跨国企业处于高势差的位置，而代工企业处于低势差的位置，权力势差的距离越大，代工企业受压制得越严重，升级阻力越大。代工企业的突破式创新是缩小两者差距的重要途径，突破式创新需要对多样的知识重新组合，形成概念认知的新奇性及后续经济价值的实现，避免陷入狭义领域知识引起的企业发展近视症，突破式创新具有双刃性（Kaplan 和 Vakili，2015）。根据以上分析构建代工企业升级的技术权力作用，如图 4-4 所示。

技术权力在应用过程中会发生一定程度的技术转移和知识扩散，跨国企业会有选择性地向代工企业转移技术、人员、管理经验，监督和协助代工企业进行人力资源培养、技术改进、设备引进，触发代工企业提升生产、制造技能满足跨国企业的技术要求，以此提高代工企业的技术能力，进一步提高跨国企业的技术能力。技术转移被控制在相对"安全"的范围，关键性的技术主要通过内部化转移到独资子公司或合资（合作）企业，因关键技术严格保密条款，技术转移仅局限于经过领导公司严格技术标准控制和审核通过的少数供应商。代工企业在跨国企业的技术权力引导

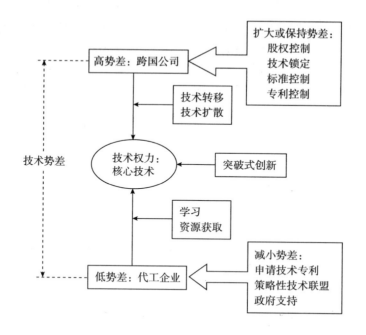

图 4-4　代工升级过程中的技术权力作用

下的技术进步是依附于跨国企业，未形成自己独特的技术能力，实际上并未改变与跨国企业之间的技术势差。代工企业要改变这种格局，必须开发属于自身的核心技术，才能形成技术权力，缩小技术势差。这需要代工企业具备创新精神，承担创新的风险与责任，实现突破式创新，相机转换创新模式改变全球价值链分工地位（杨水利和杨祎，2019），才能摆脱跨国企业事先设计好的发展路径，打破业已形成的技术封锁的突围之路。黄继泽和刘国建（2010）认为，可以通过技术专利牵制竞争对手保护自身，是一种基本的技术权力；或者参与企业间策略性技术联盟、政府干预策略等，扩展企业现有的技术权力。策略性技术联盟是指通过企业在技术领域的技术合作，控制关键技术的发展方向与发展速度，构筑排他性技术壁垒（如确定技术路径、控制主流技术标准、实施专利保护），共同占有并维持竞争优势的一种联合形式（石林芬和唐力文，2003）。

　　Schmitz（2004）发现，全球领先企业借助于核心能力控制全球市场，提高后发国家的技术门槛和市场壁垒。Venables（1999）、Arndt（2001）、Jones（2005）发现，全球价值链上的主导企业权力集中化和全球范围内的生产片断化的现象并存。发达国家先进企业在全球价值链上获得的技术权力来自技术优势。

国内对技术权力的研究来自政治和经济两个视角，王伯鲁（2013）从政治学的视角提出，技术权力是高层次技术系统操控者的意志或指令。张云逸（2009），林兰和曾刚（2010），康凯等（2016）围绕针对技术权力全球价值链上的企业网络、产业集群、企业的升级、演化展开研究，跨国企业依靠技术到发展中国家组建生产网络，实现全球化的扩张，依靠技术优势在生产网络中处于领导核心的位置。由于发展中国家企业的技术水平较低，形成技术权力的差距，并以此控制和制约着发展中国家企业的发展。领导企业通过技术锁定、制定技术规则，防止合作中的技术扩散和转移，限制发展中国家的技术升级。同时，发展中国家的企业形成了技术依赖，领先企业可以维持其生产网络中的技术权力，从而持续获得竞争优势。

现在越来越多的学者关注到技术权力对发展中国家企业升级的影响，升级的策略选择倾向于如何减小或抵消与领先企业的技术差距。黄继泽和刘国建（2010）研究了企业发展技术权力的路径选择，总结了三种发展企业技术权力的方式：①企业通过申请技术专利，缩小与领先企业的技术差距；②参与企业间策略性技术联盟或争取政府支持等，通过技术合作或国家政策的支持来寻求保护；③利用现有的技术优势，把产品的使用领域向其他方面拓展，提升产品的竞争力，提升技术权力。另外，反"梯子理论"策略也是针对发达国家的知识产权保护所采取的技术追赶策略。

技术标准是设定一个或几个生产技术必须符合要求的条件。知识产权和技术标准对企业的发展具有重要意义，世界各国对自主知识产权的保护越来越强化，发达国家将专利技术纳入技术标准，把技术标准与专利权结合起来。近年来，世界各国企业申请的专利数量高速增长，并与技术标准捆绑，以推动技术标准的发展，在许多领域内已具备完善的标准体系和众多的知识产权。这样，"专利联营"手段将专利写入标准，形成了一条完整的"技术专利化—专利标准化—标准许可化"的战略技术链条，实现技术和产品上的竞争优势。强的知识产权保护制度有利于全球价值链链主将订单和技术向发展中国家转移。表面上看，发展中国家的代工企业获得了发展的机会，但从长远来看，多数的代工企业在强大的技术势力控制下，失去了自己的发展方向和目标，只能屈从于无形的知识产权的控制。

专利的拥有情况反映了一个企业的创新活动，专利是异质性的资源，企业内生的竞争优势，具有着稀缺性和难以模仿的特点，专利在企业中的作用属性已经从防御性手段升级为战略性竞争工具，为企业带来持续竞争优势。20世纪90年代以来，专利池在发达国家得到快速发展，专利池（Patent Pool）指两个或两个以上的专利权人达成协议，相互间交叉许可专利或向第三方许可专利的联营性组织，发达国家利用专利池制定新技术标准，遏制竞争对手的技术发展，目前多为发达国家企业或组织控制。

技术标准包含了专有技术，它与专利结合起来，形成知识产权的垄断，技术标准的竞争是对行业内未来产品、市场、国家利益的竞争，技术标准是专利技术追求的最高形式。专利影响的是部分企业，标准影响的是一个行业或国家的技术竞争力，技术标准改变了全球化背景下企业间市场竞争与合作的行为规则（吴菲菲等，2019）。例如，美国高通公司在CDMA领域拥有1400多项专利，并顺利使相关的标准成为移动通信的国际标准，从而控制了世界范围的CDMA技术的发展。代工企业在强大的行业技术标准面前是无力的，企业的标准之争实际上是企业间的技术路径之争，代工企业只有通过创新，开辟新的竞争领域，才能脱离路径依赖，这需要较长时间和承担比较大的风险。因此，技术力是本土代工企业升级的关键能力维度。

（二）市场力

市场力也称市场势力，是企业直接影响、控制市场变量的能力。市场势力最早来源于SCP分析范式，研究企业的市场行为"C"是联结市场结构（S）和市场绩效（P）。Brandow（1969）将市场势力定义为厂商直接影响其他市场参与者或者诸如价格和促销实践的市场变量的能力。按照厂商影响市场或竞争对手的时间长短，将市场力分为长期市场势力和短期市场势力；按照厂商行为的主动性，将市场势力分为防御性市场势力和进攻性市场势力。Kaysen 和 Turner（1985）将市场势力定义为企业能够持续以非物质的形式区别于竞争市场的行为在面对相似成本和需求条件时给竞争企业所施加的压力。Brandow（1969）区分了长期市场势力和短期市场势力及防御性市场势力和进攻性市场势力，并且认为高于平均水平的利润和市场势力不易同时获得，并总结了食品行业的企业获得市场势力的来源：关系到相关联市场的巨大规模；巨大的财政来源；产品分散化；超出本地市场的地理延伸；垂直整合；寡头垄断的核心关系；聚焦；包括新产品的半成品差异化；获得消费者；购买者的结构，特别是他们的规模和数量；产业产品的需求弹性；运营效率、营销效率和先进性。张小蒂和贾钰哲（2011）定义的市场势力指企业通过对产品价格的影响与控制所体现出的某种市场支配力量，包括企业的经营控制、知识产权获取、市场渠道控制等。池仁勇和胡淑静（2012）认为，市场势力是市场控制力，是企业通过产品差异化的竞争方式，获得对产品价格、产量的自由决策权或扩张市场份额的能力。

市场力表现为一个企业拥有的控制市场的力量和影响力。早期的市场势力研究专注于垄断企业市场势力的福利较多，发达国家如何制定规则和策略获得垄断势力，规模经济可以带来垄断的市场势力。随着全球化经济的发展，更多的学者开始研究非垄断领域的企业市场势力的获得。梅丽霞和王缉慈（2009）认为，形成企业市场势力的战略资源可能是市场渠道使消费者产生的消费差别，这些企业来自美国、英国、日本等发达国家，而且全球产业的市场势力被拥有技术领先和品牌营销领先的少数几家巨型跨国企业占有，这些公司位于"金字塔"的顶端，市场权力高度集中。市场势力高度集中于发达国家顶尖企业，大大地削弱了发展中国家的中小企业向上攀升的机会，只有少数企业才能实现升级的愿望，而能否成功取决于这些企业的技术学习、吸收能力、学习的速度、知识分解和创新扩散机会，以及企业利用网络发展合作、协作的能力。

丁志卿和吴彦艳（2009）研究了全球价值链上的汽车产业升级路径，如图4-5所示。一是沿着价值曲线 A 向流通领域扩张形成市场势力；二是沿着价值曲线 B 通过发展技术能力提升市场势力。选择 B 路径主要是通过行业内的合作及企业自主研发提升企业的创新能力，推动企业向价值链高端环节移动。路径 A 和路径 B 相互之间可以同时进行，不存在路径的冲突。

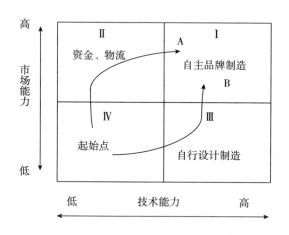

图4-5　全球价值链中我国汽车升级产业路径

资料来源：丁志卿，吴彦艳. 我国汽车产业升级的路径选择与对策建议——基于全球价值链的研究视角［J］. 社会科学辑刊，2009（1）：104-107.

张小蒂和赵榄（2009）、张小蒂和贾钰哲（2011）分别从渠道控制和企业家创新角度研究了企业的市场势力构建。研究发现，沃尔玛市场势力来源于市场份额不断扩大、先进信息技术适时运用、与供应链内关联企业建立的战略联盟这三个维度形成的渠道控制力。即企业家可以驾驭宏观经济周期，企业家创新通过重新组合要素及进行组合试错验证来改善企业的经营绩效，扩大企业的市场份额，创新的管理方式的效果超越了单纯的企业技术创新。

　　长期以来，市场势力作为反垄断的目标而受到约束，衡量市场势力的主要指标是市场集中度（或企业市场份额）。市场力可以保护创新成果，通过渠道控制获取企业绩效，扩大市场规模，把握市场变化的节奏和动态（池仁勇和胡淑静，2012）。狭义的市场势力是企业（产业）将产品定价高于竞争对手的能力，通过价格控制市场的能力；广义的市场势力指企业（产业）综合能力，指除了价格要素外，对市场上其他要素如产品质量、数量、消费者偏好、竞争对手竞争策略、规模、市场走向等的整体控制能力。市场势力既可以表现为产业（行业）市场势力，也可以表现为企业的市场势力，不同行业企业的整体市场势力水平代表了产业（行业）市场势力的高低，产业（行业）市场势力又受到领导企业的市场势力的影响，全球领先企业市场权力的来源如表4-4所示。

表4-4　全球价值链领导企业市场权力的来源

领先企业的类型	市场权力的来源	举例
技术领先	掌握全球产业的技术标准并使之成为主导技术范式	Intel、AMD公司开发的计算机芯片处理器；微软公司开发的计算机Windows操作系统
产品设计领先	在产品开发领域具有全球市场领先地位，引领消费市场的主流方向	苹果公司开发的iPod、iPhone等核心产品；意大利奢侈品牌商Gucci设计和开发的高端时装、皮具、手表、香水等
品牌营销领先	长期投入产品研发、设计和市场营销积累的品牌营销能力，使消费者信赖其产品品质	Nokia、Nike、GAP等国际领先的品牌设计商、品牌制造商和市场运营商
快速时尚领先	以快速变换的时尚产品和高效率的物流供货体系保证市场反应的敏捷总是先人一步	Zara、H&M、GAP等跨国领先的快速时尚品牌服饰企业

续表

领先企业 的类型	市场权力的来源	举例
市场渠道领先	在全球采购、市场渠道和商业网络的全球布局方面具有全球领先优势，是全球供应商和消费者的联结枢纽	沃尔玛、家乐福等跨国零售业巨头，都具有全球采购和终端网络的优势；香港利丰集团旗下签约的纺织服装和玩具生产商厂，因而能在全球外贸采购和供应链管理领域独树一帜
成本领先	功能想法的产品和远低于竞争对手的价值，使消费者更青睐于低廉物美的成本领先型企业	沃尔玛公司的全球采购和低价战略，丰田汽车公司的低价策略
供应能力领先	在产品供应链的上游具有无法替代的资源优势或技术优势，因而成为全球范围内供应能力领先的企业	全球铁矿石三大供应商：巴西淡水河谷公司、澳洲必和必托以及力拓公司占全球铁矿石供应总量的75%，牢牢掌控全球铁矿石定价权；又如全球领先的农业化工和种子供应商 Monsanto 公司开发的高效抗病毒棉花和玉米种子，分别占世界市场份额的30%和60%，享有种子领域的全球定价权
网络优先	提供分布全球的服务网络，和优质高效的专业化服务，获得大多数消费者的认可和信赖	UPS 的全球快递服务；全球四大会计师事务所的会计与审计服务

资料来源：梅丽霞，王缉慈. 权力集中化、生产片断化与全球价值链下本土产业的升级［J］. 人文地理，2009（4）：32-37.

代工企业绝大部分都非常年轻，90%以上的代工企业是在改革开放后出现的。代工企业的规模一般都比较小（史卫等，2010），在与跨国企业的竞争中处于非常不利的危险境地，但年轻的代工企业敢于拼搏，勇于创新。代工企业在建立之初及发展的低级阶段，一些企业面对咄咄逼人的跨国企业的势力影响，主动放弃市场，被迫依附于代工关系的生长模式，多数企业没有能力利用企业优势构建市场力。因此，代工关系契约中的主客体双方，市场力呈现严重的失衡现象，代工企业具有较弱的市场控制力，在市场中丧失了话语权，而发达国家的跨国企业普遍具有较强的市场力，并且随着代工关系的逐步深入，双方的差距越来越大。如今国内外的市场需求发生了巨大的变化，代工企业必须抓住市场机遇，利用自己的核心能力，培育国内外的市场势力。

　　产业（行业）生命周期存在从产生、成长、成熟及衰退的发展过程，当跨国企业在全世界范围内分布企业的生产制造环节时，基本上处于产业（行业）生命周期的成熟期，是产业生命周期的第三阶段，一般是主导产业、支柱产业，市场势力最大（占明珍，2011），企业规模相对较大，市场集中度高，产品技术成熟，因为拥有定价权，有着高于同类企业的利润空间，市场势力达到峰值，对产业及行业内的其他企业影响巨大，是产业发展的风向标。企业的发展过程同样存在导入、成长、成熟、衰退的过程，相对于跨国企业的发展情形，多数代工企业由于刚进入行业，基本上处于导入或成长期，市场势力微弱，对其他公司的影响力基本不存在。基于生命周期的跨国企业和代工企业市场势力发展如图 4-6 所示。

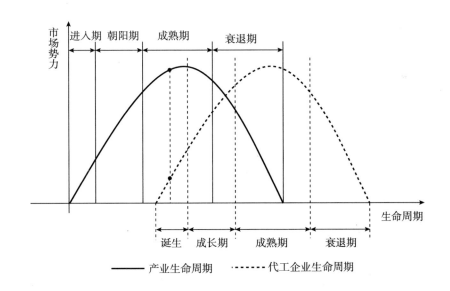

图 4-6　代工企业生命周期与产业生命周期关系

　　资料来源：笔者根据占明珍．市场势力研究［D］．武汉大学硕士学位论文，2011．的资料绘制。

可以看出，跨国企业的市场势力部分代表了产业的市场势力状况，跨国企业的市场势力值远远大于代工企业的市场势力值，代工企业被牢牢锁控在发展的低级阶段。衡量企业的生命周期水平主要通过企业市场占有率、销售额、利润率等指标评价。在跨国企业强大的市场势力控制下，代工企业没有机会接触真正的消费者市场、中间品市场，代工企业很难获得同类、类似产品的市场，即使代工企业有意扩张企业的市场势力，也会遭到跨国企业的强大打压和排挤，代工企业无论在技术、资金方面都没有优势，这也解释了代工企业的发展悲剧。

我国代工企业要摆脱在全球价值链上低端锁定的命运，必须选择升级来实现持续化的发展。目前，一些企业已经完成了工艺升级和产品升级，获得了一些利润，这种较低层次的升级并未改变代工企业在价值链上的位置。从长远看，代工企业要改变当前的被动局面，应选择功能升级来破解被锁定的现状，代工企业功能升级路径是市场功能升级和品牌功能升级，代工企业向价值链两端的市场营销、物流配送、品牌竞争、技术研发等高利润环节转移。代工企业要实现在全球价值链中的市场功能升级，则企业要具备一定的市场势力，即能掌握影响产品价格和市场份额或其他市场参与者的能力（张小蒂和赵榄，2009）。

（三）品牌力

品牌力（Brand Power）作为衡量企业发展状态的一个重要指标，学术界并没有统一的定义。Barwise（1993）认为，品牌力是基于顾客的品牌力量（Brand Strength）和"品牌资产"。也有学者认为，品牌力大小可以用"品牌价值"（Brand Value）衡量，Mudambi 等（1997）认为，品牌价值是期望价格和预期绩效的函数，由产品、分销、公司和支持服务四个部分，它们依次由有形和无形两部分组成。Webster（2004）认为，强大的品牌对应每一位客户和消费者群体有一致的品牌形象，品牌力量则反映了公司营销努力的质量和一致性，以及随着时间的推移企业管理品牌的能力。O'Cass 等（2011）认为，概念化的品牌能力作为一个公司的能力，是一套相互关联的组织例程，如沟通，并提供一个与客户一致的品牌内涵的营销方案。何云和陈增祥（2016）认为，一种工业品要素品牌的品牌力取决于产品本身对下游用户或最终用户产生的功能性价值和所有者的品牌意识与品牌化能力。绝大部分学者都从消费者角度定义品牌，如果品牌对于消费者而言没有任何意义（价值），那么它对于投资者、生产商或零售商没有任何意义了（卢泰宏，2000）。国内外有关管理力的定义如表4-5所示。

表4-5　学术界对品牌力的定义

品牌标识	研究者	品牌定义
品牌形象	Ogilvy（1963）	消费者对品牌的评价与认知
品牌定位	Ries 和 Trout（1971）	是建立一个与目标市场有关的品牌形象过程和结果
品牌资产	卢泰宏等（2000）	财务会计概念模型；基于市场的品牌力概念模型；基于品牌—消费者关系的概念模型
品牌战略管理	Aaker（1991） Keller（1993）	为保证品牌资产的长期发展，品牌必须设有专门的组织和规范的指南进行管理
品牌关系	Blackston（1992，1995） Fournier（1994，1998）	品牌和消费者的互动关系
品牌联盟	Rao 和 Ruekert（1994）	是指两个或两个以上现有品牌合并为一个联合品牌，以某种方式共同销售，而联盟合作的方式多种多样
品牌个性	Aaker（1997）	是指赋予品牌的一系列人格化特征

资料来源：笔者根据相关资料整理。

根据以上研究内容，本书定义品牌力是企业所具有的基于消费者认知的独立的品牌形象（Brand Image）、品牌关系（Brand Relations）管理的能力。品牌力以品牌形象为依托，品牌关系的管理能力是企业品牌力的重要来源。品牌力对代工企业的长远发展起到了至关重要的作用。随着国外"归核化"战略的实施，来自跨国企业订单的逐渐减少或撤单，目前很多国内的代工企业面临着发展困境。产生这种情况的原因：一是因为代工企业对跨国企业的依赖，二是来自代工企业品牌力的缺乏。代工企业是一种很特殊类型的中间型企业，属于B2B企业类型的一种，田凤权（2012）定义B2B企业，指那些其产品或服务面向其他企业或下游产业链而非直接消费者的企业，位于跨国企业的上游，其产品一般不与终端消费者产生直接关系。也就是说，代工企业在经营过程中不会接触终端消费者，反过来，终端消费者也缺乏对这类企业的了解与信任。多数代工企业缺乏品牌意识和品牌管理经验，而品牌价值增值的最重要部分往往是来自终端消费者的品牌溢价能力，即代工企业只获取了整条产品价值链上的一小部分利润，同时企业属于寄生式的生存方式。所以代工企业不发展品牌，不能利用品牌力提升企业的利润，注定了代工企业的未来发展前途是渺茫的。代工企业品牌与跨国企业品牌力差异比较如表4-6所示。

表4-6　代工企业品牌与跨国企业品牌力差异比较

	代工企业品牌力	跨国企业品牌力
形成路径	B→B⋯C	B→C
品牌类别	要素品牌、中间品牌（B2B品牌）	消费者品牌
管理内容	按时保质完成订单等	品牌形象、品牌关系管理等
需求来源	派生需求	引致需求
涉及主体	要素生产商、成品生产商和终端的消费者	要素生产商和终端的消费者
形成效应	竞争效应	网络效应
价值增值	提前完成任务；订单的延续与数量增加	品牌溢价

资料来源：田凤权. 创建和提升B2B企业品牌价值的思路［J］. 经济研究导刊，2012（17）：154-156.

　　跨国企业像一座不透风的墙截堵在代工企业与终端消费者之间，代工企业无法感知生产的产品或成分在消费者的反应、评价与接受情况。拥有自主品牌的跨国企业则可以利用品牌力在终端消费者中间形成较强的网络效应，在消费者心目中树立独特的品牌形象，消费者使用标注品牌的产品，并对其进行评价和传播，形成了较强的品牌力。品牌力可以通过品牌商与终端消费者的沟通、体验等信息与活动得到不断增强，提高品牌忠诚度，形成了长期的品牌力。因此可以说代工企业要实现品牌功能升级，必须形成自己的品牌和品牌力。

目前关于企业品牌的研究集中在两个领域，一是消费终端的品牌管理（B2C），二是中间品品牌（要素品牌、成分品牌、B2B），二者关系如图4-7所示。20世纪60年代，奥格威最早提出了品牌形象理论，开启了B2C品牌管理，随着世界范围内的生产片断化，对企业品牌的研究从价值形成过程中进行分离，学者从B2C品牌管理向价值链后端延伸至B2B品牌管理。中间品品牌的概念最早出现于20世纪80年代，2010年，Kotler和Waldemar出版了《要素品牌战略》，指出了中间品生产企业通过品牌传播向价值链向下游延伸，企业通过传播有关材料、元素和部件等产品与企业的知识，建立消费者认知与偏好的要素品牌。这两种形式的品牌力构建途径是一样的，通过品牌战略与品牌策略的实施，建立基于消费者品牌联想的品牌形象。

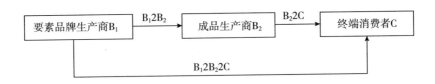

图 4-7　要素品牌的品牌资产形成

资料来源：Luczak C A, et al. In-branding: Development of a conceptual model ［J］. Academy of Marketing Studies Journal, 2007, 11（2）: 123-137.

Venkatesh等（2006）认为，作为要素生产商选择合作者或要素供应者的战略，可以通过品牌化战略提升企业的品牌力。作为生产商，可以单独完成品牌的塑造，也可以与其他企业实行品牌合作、品牌联盟等形式联合进行品牌的活动，关注的重点是与终端消费者的沟通与体验。

国内学者对于品牌的研究稍微滞后于国外的理论发展，国内学者认识到品牌力是构成企业权力的重要组成部分。范秀成（2000）研究西方国家的品牌战略管理发现，著名的企业将企业品牌作为业务扩张的工具，是连接业务的纽带，跨国企业较少使用孤立产品品牌，而是倾向于企业主导或企业品牌注释策略。景秀艳和曾刚（2007）认为，技术、品牌、市场等诸多方面是构成权力的资源影响因素，其中，最接近消费者控制消费渠道的企业享有优势，具有权力地位；购买者驱动型价值链的品牌所有者为领导公司，协调和控制价值链各环节的经济活动；杜宇玮和熊宇（2011）认为，在全球生产网络中，拥有品牌优势的跨国企业控制了价值链的资源要素市场和产品市场，同时通过多样化的品牌战略设置行业壁垒，维持自己的市场势力。王新新（2016）认为，3.0时代的品牌管理，应注重个性化与共创价值的品牌管理理念，适应消费者的个性化需求，满足消费者的存在感，与消费者进行生产领域的互动，与消费者共创价值，如图4-8所示。

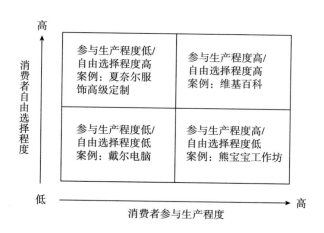

图4-8　企业与消费者共创价值

资料来源：王新新 . 3.0时代的品牌管理［J］. 品牌研究，2016（2）：33-39.

刘志彪（2005）、杨桂菊（2009）、孙曰瑶（2006）、毛蕴诗（2016）等研究代工企业自主品牌的升级路径，认可品牌升级是代工企业比较好的选择，分别从经济学、管理学角度对自主创新品牌的可能性、能力条件、政府的政策制定、国家内需市场的培养等方面进行了分析。李桂华等（2013）研究了代工企业的品牌战略，认为代工企业可以利用专用性投资积累形成高度差异化和技术含量的产品，向最终消费者传递差异化感知价值，追逐更高的企业利润。刘志彪（2005）认为，企业的发展可通过重新转向产品创新战略、培养中国民众的民族文化认同和自信心等战略创建具有自主知识产权实现升级。卢宏亮和李桂华（2014）从终端市场拉力和品牌敏感度两个角度研究了影响 B2B 品牌构建的因素，发现成分显示度、成分资源性、成分复杂性、消费市场投入均对终端市场拉力有正向影响，成分资源性、消费市场投入以及服务支持对品牌敏感度有正向影响，并提出了营销策略。

目前国内学者对要素品牌的研究日益丰富，总体来说，对代工企业品牌力提升的研究并未展开，相关研究还停留在品牌力构建阶段，如何提升代工企业的品牌资产，建立代工企业的品牌形象需要进一步的理论研究与实践检验。

四、影响代工企业全球价值链高端攀升"三力"的因素

前文分析了代工企业沿着全球价值链攀升过程中，技术力、市场力、品牌力"三力"组合是企业不断发展的内在推动力，从 ODM 到 OBM 的升级是企业发展的转折点，代工企业要提供动态发展的能力才能实现持续升级。从水平方向上看，代工企业置身于复杂的社会经济网络中，在经济全球化的冲击下，代工企业的发展同时会受到国内、国外多种因素的干扰，这使代工企业的发展并不顺利，由于未能有效地识别环境中存在的威胁和不利，把握有利于企业发展的机会和挑战，众多代工企业最终变成了

经济转型发展的阶段性产物。代工企业升级需要一定的内外部因素支撑才能实现。代工企业升级除要专注于提高自身发展的动力外，还要关注环境的变化对企业的影响尤其是影响技术力、营销力、品牌力的因素。

（一）影响技术力的因素

1. 组织学习吸收

代工企业升级需要不断掌握并更新先进的技术、管理方面的经验、诀窍、知识，才能实现升级的愿望。组织的学习过程是由搜寻、获取有用的知识并进行消化吸收、创新，转变为企业能力呈螺旋上升的循环过程，是充实和提升代工企业知识资产的过程。代工企业的学习能力如同组织的血液系统，构成了企业系统的动态微循环，是代工企业赖以生存的命脉。代工企业曾经把跨国企业的技术水平作为自己学习的标杆，学习方式以外部学习为主，全球价值链中，代工企业向跨国企业学习是一种干中学、用中学和互动学习。经过多年的发展实践证明，代工企业因路径依赖成为跨国企业的附属品，代工企业在与跨国企业的合作中获得了推动双方合作发展的相关知识，维持代工企业处于工艺升级、产品升级低端阶段。

前面已分析过，代工企业要向价值链的高端升级，需具备一定的技术力，这些力量主要是代工企业通过自主学习获得的，这就要求代工企业进行组织学习的拓展，开辟多种学习途径，如从供应商、竞争者、顾客、市场、第三方中学等（王生辉和孙国辉，2009），企业内部沟通是在企业、团队、个体间进行知识转移、知识分享、知识创造的过程。组织持续的学习，会源源不断地为企业输送最新的信息和知识，同时专注于知识的整合与吸收，为组织提供动态的发展力量，也利于企业核心能力的形成与强化。另外，代工企业的学习意图、学习环境、合作能力会对代工企业的学习能力产生影响，以改善代工企业竞争能力或从事高附加值的活动。

2. 创新

魏江和许庆瑞（1996）将企业的创新决策能力、R&D 能力、生产能力、市场营销能力定义为企业技术创新能力，即企业不断提供新的产品、工艺、技术、设备及现代化的管理方式，这是广义的企业创新能力，包含技术创新能力和管理创新能力两个层次，创新能力直接影响企业的生存发展。

Lall（2000）将企业的技术能力分为四个水平层次：最简单的层次，即"操作能力"，是有效地运行技术的必要条件，包括基本的制造技能、质量控制以及维护和采购能力；中间水平，企业增加了"复制能力"包括为扩张产能投资的能力和购买和整合外部的技术；第三层面，企业产生了"适应能力"，外部技术得到了调整和改进，更复杂的工程设计技能也得到了学习；最高层次，公司需开发基于正式研发的"创新能力"，以产生新产品和新工艺，并与技术前沿保持同步。代工企业被俘获于跨国企业技术能力以前，企业基本能满足跨国企业的交货、技术要求，对技术创新的要求不高，代工企业要突破技术依赖、路径依赖的锁定局面，必须利用技术和管理的全面创新提供发展的方向及推动力。代工企业启动自主创新机制，通过改进现有的产品和服务或全新的产品和服务或是自主研发、利用标准、新产品及管理活动的创新，整合全球最前沿的技术要素，有效配置资源，使企业取得对产品价格的控制力和优势地位，以提升企业的技术水平。华为公司正是凭借着高强度的研发投入、创新文化及自主创新技术，从两万元的小公司成为电信业的参天大树，最终成为国内外通信设备巨头。

由于代工企业网络关系的复杂性，代工企业的管理水平相对比较弱，管理机制、管理能力欠缺。代工企业的管理创新是对企业对内外部环境变化的响应，代工企业的管理创新可分为内部管理创新和外部管理创新，外部管理创新主要是改善外部网络关系的创新，更多的是与企业外部企业的关系改变，如渠道联盟创新、技术联盟创新、服务联盟创新、供应链管理创新、集群合作等网络合作的创新，以弥补企业自身的发展不足；内部管理创新主要指企业文化创新、管理方法、方式创新、组织结构创新、研发创新、管理制度创新、营销模式创新等，内部创新的目的是以改变企业绩效为主。无论是技术创新能力还是管理创新能力的改变，都会使代工企业的发展状态催生变化，可灵活采取内部创新与外部创新相结合的方式，整合企业的资源与能力，推动企业的升级。

3. 知识产权控制

知识产权具有专有性、创新性和经济性特征，知识产权保护也是发达国家用来保护企业及国家竞争力，在世界范围内形成技术势力的重要途径。发展中国家的企业处于产品和工艺升级阶段，企业积累技术经验阶段注重自身对新技术的消化和吸收，此时大量模仿和反向工程等适应性创新是主要的创新模式（冯晓青，2000）。国家的知识产权保护制度并不严格，以利于国内中小企业的成长。随着国内企业整体研发水平的不断提高，基于创新主导企业的创新成果需要得到保护，甚至一些企业开始走国际化路线。国家开始加强对自主创新能力的保护，实施强有力的知识产权保护制度保护企业的创新成果。这逼迫发展中国家的代工企业提高自身知识产权控制的能力与意识，实施市场战略、防御战略、合作战略等不同专利管理机制，实行知识产权保护战略（徐雨森，2003）。

（二）影响市场力的因素

1. 组织规模

企业的组织规模可以用企业拥有的人员、产能（固定资产）、影响力和年销售收入（业绩）评价（胡辛欣，2010），从以上要素判断代工企业的组织规模多数企业属于中小企业，企业在社会中影响力小，销售收入少，利润低，这些因素是企业形成市场力的重要影响因素。Gibrat（1931）提出了著名的 Gibrat 法则，企业成长与企业规模没有相关性，这个法则只适用于公司规模大到足以克服某一行业的最低有效生产规模，并不适用于代工企业的情形。熊彼特（1942）假说专注于企业的创新能力与企业规模的关系，认为创新能力是从事生产制造的代工企业市场力的来源，企业从事研发活动需要负担较大的研发费用，大企业比小企业有更强的创新能力，证明代工企业的组织规模影响了企业市场力的形成与发展。大规模的企业组织对企业提升自身的竞争力、企业升级、参与全球竞争是很有必要的。随着代工企业规模的扩大，企业的品牌影响、市场影响和组织效率都会有所改变。本书认为，代工企业的规模对代工企业的市场力、品牌力的提升有影响，会影响代工企业的升级进程。

2. 高级人力资本

代工企业实现功能升级主要以营销功能和创建自主品牌活动为主，其中任何一个环节都离不开高级人力资源的支持。功能升级与代工企业工艺升级及产品升级不同，前期两个阶段升级以模仿和学习为主要创新活动，对高级人力资本需求不大，依赖程度低，从而忽视了对高级人力资本的需求。

在自主创新型的升级活动中，代工企业对高级人力资本的需求以创新人才为主，高级人力资本在创新中的作用、地位因个体的行为特征而不同，对高级人力资本的需求类型包括企业家人力资本、研发型人力资本、技能型人力资本、管理型人力资本和营销型人力资本（孔宪香，2009）。这些不同类型的高级人力资本合力完成了企业的技术创新、市场创新和品牌活动，高级人力资本投入研发部门，以原有的知识资本为基础，通过自主创新活动进行新产品、新技术的设计开发，吸取国内外相关领域的成功的经验和失败的教训，推进代工企业自主创新的进程与探查自主创新的方向（张望，2014）。代工企业需要与同行进行激烈的市场竞争，这些自主创新的产品与技术因其独特的功能和差异性，树立基于顾客资产的品牌形象，提升市场力、品牌力。代工企业原有的人力资本结构不能满足升级的需求，高级营销型人力资本和高级管理型人力资本是推动代工企业的功能升级必不可少的因素，是代工企业能力发展最重要的稀缺资源之一。

3. 并购、联盟

大部分代工企业的规模较小，人才与资金实力不强，代工企业在升级过程中，迫切需要与竞争同行、科研院所、渠道商、品牌客户等进行合作，会广泛利用研发联盟、品牌联盟、专利联盟、海外并购、渠道联盟等形式，与其他组织、机构进行合作，弥补自身的不足，代工企业通过并购、联盟可以提升企业的技术力和市场力。

研发联盟是企业与其他组织或个人建立的契约关系，代工企业与协作单位从事技术或产品项目的研究开发，通过知识的共享、转化与创新，以提升自身的产品研发能力，促进企业的升级。代工企业选择联盟伙伴进行合作研发，降低了研发成本和风险，缩短研发周期，联盟间形成了良好的学习与信任机制，代工企业可以在合作的基础上形成自己的核心技术，这对促进代工企业升级收益很大。专利联盟是技术联盟更高级的形式，两个或两个以上的专利持有人相互达成协议，联盟的企业相互间可以交叉许可专利或向第三方许可专利的合作性组织，也被称作专利池。随着专利池的快速发展，标准联盟以专利池为背景应运而生，专利池发起人将专利技术与技术标准联合发展，形成了该项技术领域的屏蔽墙，成为遏制竞争对手发展的重要工具。

（三）影响品牌力的因素

1. 营销能力

Douglas 和 Morgan（2005）认为，与企业绩效有价值的营销能力有八个，分别是定价、产品开发的过程、渠道管理、营销传播、销售、市场信息管理、营销策划策略、营销实施，既是企业最基本的营销活动内容，也是形成企业品牌力的基础工作。企业较强的营销能力会快速感知、应对市场变化，准确、及时地与消费者沟通营销信息，推动品牌关系的发展与改善，创造顾客价值。企业实施品牌化战略，要随时收集环境信息和消费者的信息，将相关信息反馈到企业并进行比较分析，调整先期不适合市场环境的、与品牌发展相关的营销策略，相应地改变品牌活动，以便更好地实施品牌化战略，如此循环往复地进行，直至达到预期效果。

品牌力是改变消费者认知、态度的影响力量，在品牌力的影响下，消费者固化品牌形象，并形成品牌消费者偏好。代工企业的营销能力结合顾客的变化，探索出创造顾客价值的全新的品牌体验，增加与消费者的互动与沟通，维护、改善品牌与顾客及相关利益群体的关系。当企业调整品牌战略时，营销能力重新帮助企业进行品牌定位的推广与品牌形象的形成。代工企业的营销能力是品牌力形成和提升的有力工具及武器，两者的关系相辅相成，相互渗透，代工企业应通过提升自身的营销能力来促进品牌力的快速发展。

2. 企业资源

资源可以被用来创造社会财富，而企业是各种资源的集合体。潘罗斯（1959）的资源基础观认为，当企业握有资源时就会四处寻找适合的发展机会，企业的成长与发展来自企业是否拥有和开发独特的资源。企业的资源对保持企业竞争优势具有重要作用，这些资源是企业积累和形成的，具有稀缺性、不能完全模仿和无法替代的特征（Barney，1991）。能力是某个社会主体（组织或个人）对客观世界可发挥的作用力。资源和能力互相依赖及转化，决定组织持续发展的不是资源，而是能力，企业竞争力是由能力与资源结合情况决定的。企业所拥有的基础设施、知识产权、营销网络、品牌声誉等竞争对手难以模仿、竞争优势持久、难以替代的竞争力构成了企业的核心竞争力，是创造企业竞争优势的关键资源。

代工企业的财产资源为自主品牌建设提供了物质保障，代工企业有别于其他类型的企业，代工企业的财产资源来源于代工企业的生产能力；人力资源是特殊的资源，是资源和能力的共生体，决定企业竞争力的关键因素，代工企业要充分实现自身资源的效用极大化，迅速完成低成本生产资源累积；寻求资源能力互补的战略性资源，代工企业要利用社会资本包括凭借企业家的社会关系和社会网络改变企业的权力地位，形成企业的市场力、技术力、品牌力。

3. 企业家精神

Marshal（1920）认为，企业家凭借创新力、洞察力、统率力发现和消除市场非均衡性，创造交易机会和效用，给生产指出方向，使生产要素组织化的人（李维安和王辉，2003）而企业家具有超常的意志力、智慧、应变力。企业家精神是企业家在领导企业生产经营过程中表现出来的一系列心理外在化表现和精神特征，对企业的管理是"创造性的破坏过程"，有三个主要特点：创新性、冒险性、开创性。创新性是企业家精神的本质特征，企业家通过创新活动获得"熊彼特租金"；冒险性指因内外部环境的动态性、复杂性、不确定性和局限性的原因，导致企业家进行企业决策时是有风险的；开创性指企业家敏锐的洞察力可以识别现在和未来市场的发展机会的能力，并采取适当的进取策略，是创新精神和冒险精神产生的前提（李维安和王辉，2003）。

代工企业从 OEM 上升到 OBM 的过程是企业突破路径、技术依赖和发展惯性，不断进行资源整合、寻找机会、组织变革，这些都需要企业家精神。代工企业的企业家精神体现在三个方面：代工企业的升级是某个节点上能力的突变，能力以资源为支撑转化而来，企业应根据环境的变化建立一种动态能力，企业家精神提供了与动态能力相结合的机会，企业家精神的创新性驱使企业内外部资源不断整合、创新的使用资源、开发资源，开发新产品，寻求"熊彼特创新租金"，满足企业升级的需要；冒险性体现在代工企业从跨国企业的合作关系中抽离而自创品牌，企业本身没有经验与能力的实践，承担着失败的风险；另外，企业自创品牌会遭到跨国企业的不满与封杀，订单量迅速减少，能否在市场与跨国企业和同类企业并存，企业要进行内部组织变革，这些都需要承担风险，企业家精神乐观地在风险中前行；开创性体现企业家精神驱使不断地尝试与改变，挑战全新的领域，全新的商业模式，全新的发展路径，开发全新的市场，以提升企业的竞争力与绩效，开辟新的竞争战略、合作战略，改变竞争格局，企业家精神体现在把风险变成机遇，无时无刻为代工企业的发展寻求新的发展机遇。

五、代工企业升级方式

人口结构的变化不利于企业的发展，中国企业需要通过升级来提高盈利能力，升级被认为是通过创新来提高价值增值的活动。Gereffi（1999）将升级定义为一个企业通过能力提升向更加获利或技术先进资本及技术密集的经济转移过程。Humphrey 和 Schmitz（2002）指出，从企业层面讲，升级是企业通过获得技术能力和市场能力，改善其竞争能力以及从事高附加值的活动。毛蕴诗等（2016）从经济学角度定义企业升级是企业提高竞争能力和提高产品、服务的附加价值的过程，是产业升级的微观层次。本书认为，企业升级是企业通过提高技术力、市场力、品牌力改变其在全球价值链上位置的过程。

代工企业沿着价值链升级的结果会改变全球价值链中各利益关系单位的力量对比和收益分配格局，全球价值链中的利益相关者获得各种租金的目的是赢得市场力量和领导力量，从而得到经济租金、控制权、在位权等。代工企业升级会影响领导企业在链中的势力、地位，进一步影响到经济租金，处于价值链低端的代工企业升级会受到领先链主的压制与阻挠，而升级过程的进程快慢取决于全球价值链中代工企业与领先企业之间的力量对比。在一些阶段，代工企业升级并一定意味着企业绩效的改变，随着代工企业在价值链上位置的不断提升，企业绩效的改变会逐渐显现，代工企业的升级从以服从领先企业全球战略为目标的被动升级，调整为适应竞争、追求利润的主动升级，相应地也能获得升级所带来的利益。

从企业升级内部看，现有对代工企业升级研究的视角各有不同，这些定义具有相同的内涵，代工企业升级的目标是在企业能力推动下促使代工企业向价值链高端攀升，获取更大的盈利空间，实现价值增值。代工企业从 OEM→ODM 升级，改变了代工企业的技术能力，是技术路线的升级，企业可以制造更好的产品、更有效地制造产品，从事更高技术的活动，企业的价值功能不健全，没有改变路径依赖。OEM→OBM 升级，企业完成了完整的升级路，实现了从技术升级到市场和品牌升级的路线，代工企业形成了独自的发展路径，企业从成本导向转向创新导向，最终实现产品和工艺流程升级到市场、品牌功能升级的转换。代工企业实现增加收益有 3 条路径：难以模仿的技术创新能力；进入利基市场；实现品牌溢价。根据企业自身业务活动的类型，Humphrey 和 Schmitz（2002）提出四种升级分类：①过程升级（工艺升级），指代工企业通过重新组织产品系统或引进先进的技术来提高代工企业输入输出的转化效率。具体是通过增加内部流程的效率实现，如增加库存周转、减少废料、实现小批量、高频率的配送。②产品升级指代工企业引入更加先进的产品线，对企业原先的产品进行技术升级，以增加产品的单位价值。③功能升级指获取新的企业功能或者放弃现有的功能来增加产品的整体技术含量。例如，将物流、其他辅助职能外包，代工企业增加营销、品牌的部门职能，企业功能从以专注技术为主转向技术、市场、品牌功能同向发展。以上三种升级方式是代工企业对自身业务活动的变革，升级的难度逐渐加大，从第二种方式向第三种方式升级，要实现功能升级，企业面临着巨大的障碍。其他类型是部门间的升级，代工企业进入新的生产活动，一般情况下流程升级和产品升级比功能升级和链条升级普遍。杨桂菊等（2017）采用纵向多案例比较，探索研究资金、技术和人才不足的代工企业切实有效的升级模式是在客户需求的拉动下，持续不断地创新产品和服务问题解决方案，创新产品研发设计和服务流程，通过自主设计以及发展多元化实现转型升级。王益民等（2019）通过对 Sanmina 公司的案例研究发现，能力陷阱是低端锁定效应存在的根源，该企业在全球价值链内分为右端垂直攀升（功能升级）、链内左端垂直攀升（功能升级）和跨链嵌入升级（链条升级）三个升级阶段，利用扎根理论提炼出机会感知能力、资源获取能力与资源整合能力三个动态能力构成维度，升级过程中动态能力维度和常规能力都会发生变化。本书主要以功能升级为主要研究对象，研究代工企业升级的相关理论与实践。

六、构建"三力一链"代工企业
升级机理理论模型

通过以上对全球价值链上的代工企业实现升级的企业能力构成及代工

企业内外部环境因素对代工企业的影响分析，本书从企业发展的内在机理出发，探索推动代工企业升级的技术力、市场力、品牌力之间的内在联系，探索企业自身能力与外界环境交互影响的关系，验证代工企业全球价值链升级的影响机制。基于此，本书研究"三力—链"对代工企业升级的影响。

代工企业通过技术力、市场力和品牌力的"三力"推动企业升级过程中，还必须同时考虑代工企业与外界网络的信任关系和企业所处的制度环境，两者对于代工企业的"三力"与功能升级有重要影响。如果代工企业能够利用信任关系和制度环境的变化，会改变"三力"的作用效果。因此，在对代工企业"三力"与企业升级的研究中，必须把信任关系和制度环境作为调节变量纳入模型中来。

同时，本书认为代工企业的"三力"会影响到企业核心能力的形成与发展，从而影响到代工企业升级。毛蕴诗等（2010）认为，代工企业在全球价值链上升级的核心能力在不同阶段是不同的，功能升级阶段，实现提升功能的主要动力是基于研发设计和营销的核心能力。杨桂菊（2009）指出，代工企业在自创品牌过程中实际是通过不断扩展价值链活动范围的过程中的企业核心能力持续升级。Sanchez（2004）认为，在核心能力的基础上，企业通过能力构建和能力利用两种途径来强化企业的核心能力。在此，本书认为，代工企业通过构建和利用企业的"三力"，推动代工企业在功能升级阶段核心能力的形成与提高，进一步实现企业的功能升级。因此，把核心能力作为中介变量纳入模型中。

根据以上分析，本书构建了全球价值链分工下的"三力—链"代工企业升级机理模型，如图4-9所示，该模型以代工企业的阶段性升级为发展目标，研究代工企业在"三力"模式推动下的企业升级机制，通过"三力"推动及有效协调网络中的动态因素，形成代工企业发展的价值权力，缩小与跨国企业的距离，实现超越，从而摆脱低端锁定、路径依赖的发展困境，实现企业的价值增值。

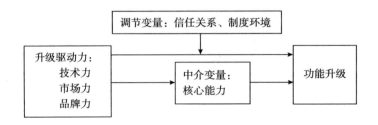

图 4-9　"三力一链"代工企业升级机理理论模型

　　从上述模型及前面的理论分析可以看出，代工企业着力培养基于"三力"的价值权力可以提升代工企业在全球价值链的位置，本书围绕代工企业的升级能力的构建，提出"三力一链"的概念模型，进而验证该模型的合理性。

七、本章小结

　　本章主要围绕全球价值链上的代工企业升级权力的构建及影响因素展开研究，通过对代工企业升级的机理分析，提出了代工企业全球价值链升级的"三力"模型，利用扎根理论方法得出代工企业通过发展"技术力、市场力、品牌力"的提升形成技术、营销、品牌等方面的控制势力，进而分析影响代工企业升级的内外部环境因素，如组织学习能力、网络能力、知识产权、组织规模、创新能力、企业资源、企业家精神等因素，系统分析了代工企业升级的动态发展路径。

我国代工企业实现全球价值链
高端攀升的机理研究

代工企业在升级过程中受到市场力、技术力和品牌力的推动作用及企业所处环境中其他因素的影响，本章在前文研究基础上，对代工企业的升级机理模型进行实证分析。

一、"三力—链"代工企业升级模型的研究假设

根据前面构建的代工企业升级机理模型可知，代工企业升级过程中会受到技术力、市场力、品牌力形成的势力影响；同时，企业内外部环境的因素也会影响到企业能力及代工企业升级。结合以上内容，本章研究代工企业升级影响效应的假设关系。

（一）技术力、市场力、品牌力对代工企业升级影响的假设关系

Kaplinsky（2001）认为，价值链上不同位置的企业具有相应的权力，组织利用权力协调价值链上企业的价值创造活动，进行着价值分配。景秀艳和曾刚（2006）认为，企业关系网络中资源不平均，导致企业位置

的不同、权力不对称，网络中核心企业与中间层企业的权力会发生变化。技术能力和品牌能力是全球领先企业市场权力集中的主要根源，也是决定全球价值链上价值分配的决定性因素，发展中国家的代工企业嵌入全球价值链中。代工企业通过参与不同地域、不同价值环节等方式提升自身在价值链上的相对权力，代工企业升级的关键在于本土企业的吸收能力和学习速度，改变在全球价值链的时机、位置、规模和成长机会（梅丽霞和王辑慈，2009），才能获得更多的获利机会，实现对传统的价值链的分解与重构，提升企业在全球价值链分工的地位和作用。

以上的观点强调代工企业升级是企业通过改变权力获取势力与地位，最终体现在代工企业通过动态推动力的构建而减小与领导企业的差距。根据前文相关模型理论依据的解释和分析，结合代工企业的发展特征，本书将技术力、市场力和品牌力三种势力作为代工企业构建能力的主要内容，进而研究三种力如何影响代工企业的升级。

1. 技术力与代工企业升级的假设关系

技术力是代工企业升级的重要推动力。在全球价值链中，拥有更多的先进技术经验、专业知识、创新能力的代工企业，会受到更多技术上的依赖，并具有相对较强的技术权力，技术权力随着技术机会的识别与应用而得以增长（康凯等，2016）。代工企业处于由跨国企业控制的企业技术系统中，系统具有鲜明的层次结构，企业在技术体系中所处的地位越高、占有的资源越多，其所拥有的技术权力也就越大，如高级技术支配或控制低级技术；相反，低层次技术系统按照高层次系统的意志或指令运行（王伯鲁，2013）。技术权力与企业生存发展的辩证关系体现在拥有技术权力可以促进企业发展，而企业的发展又可以巩固企业拥有的技术权力。代工企业多数情况下处于低层次系统位置，代工企业要摆脱锁定的命运，需研发新技术，改进落后技术，具备一些特殊的技术能力，不仅能够使企业吸引客户，而且是其他竞争对手难以模仿的，可以帮助代工企业获得更多的技术权力，促进代工企业升级。

跨国企业实施技术锁定战略能保持某项或多项垄断优势，在全球价值链的关键环节制造陷阱，获取长期的技术权力，在技术转让动态平衡理论指导下，大力加强研发并生产创新产品以维持技术差距，把失去技术优势的产品转让给发展中国家（刘世俊，2006）。代工企业获得的技术，在充分竞争的情况下，可以获得短期的市场力量，但很快会消失（Asaftei 和 Parmeter，2010）。有技术权力的企业，一定拥有专利保护的核心技术，拥有技术优势的单个企业或者企业联盟，可以形成在某个领域的技术优势，通过大量占有市场或者制定技术标准或规范，形成更广泛的技术权力（黄继泽和刘国建，2010）。专利在行业里创造了大量的垄断势力（Kamal，2012），专利赋予跨国企业在价值链中的权力，并且通过专利池这条纽带与价值链上合作商的密切合作关系，造成代工企业进入价值链高端的壁垒和赶超陷阱，在代工企业的升级阶段，跨国企业通过知识产权保护，持续获取高额垄断利润，代工企业可以采取技术互补的形式与先进企业开展合作，提升技术权力。技术标准制不仅影响企业的运行效率，也是国家和企业发展的重要战略工具，技术标准成为创新的动因和归宿，可以提高企业的创新能力（高俊光，2012），技术标准制定者对受控制者的强制干预影响了企业的产品和过程升级（林兰和曾刚，2010）。

较强的技术能力能够提高代工企业生产、服务流程的效率，帮助企业以更低的成本优势为顾客提供多元化、定制化的产品和服务，企业能够及时追踪并获取市场信息和知识，技术能力是代工企业竞争优势的资源，进而推动代工企业升级。

根据以上分析，本书提出假设：

H1：代工企业的技术力强度与代工企业功能升级正相关。

2. 市场力与代工企业升级假设

代工企业市场力的研究区别于传统的垄断企业的定价行为，代工企业在全球价值链上市场力的形成与提升可以理解为企业在市场上对竞争对手、消费者或其他利益相关团体的影响力，即企业通过自身的努力在市场竞争中改变事件本来进程的能力，代工企业也可以在市场中形成某方面的市场势力，从而获得更多的利润。在全球价值链的视角下，跨国企业凭借自建的营销网络和销售渠道的控制，具备很强的市场势力，市场势力体现在对价值链高端研发设计、品牌营销环节的控制力，随着市场势力的不断扩张，跨国企业从中获得的利润不断扩大，一个行业的寡头集团具有高平均利润。代工企业嵌入跨国企业生产环节，在消费者层面生产者的形象在市场营销环节基本消失了，所以代工企业在价值链的后续功能如市场营销和品牌管理是缺乏和不完整的。代工企业要实现完整的升级路径，必须在市场力环节有所突破。

代工企业要在研发及品牌营销环节实现功能升级，会因人才、资金等要素缺乏而影响市场势力的提升，品牌营销人才的缺失导致企业品牌和渠道建设受到制约，研发人员缺失导致无法形成核心技术，同时由于企业长期利润微薄，也无法承担巨大的前期资金投入。所以代工企业提升企业市场力以实现企业升级时，要直接进入市场营销领域，在要素禀赋及资金方面予以配合，以解决企业的发展障碍与困难。在代工企业参与的市场实践中，一个有市场力量的公司，可以通过改变价格或促销活动，来改变其竞争对手的销售量（Brandow，1969）。

池仁勇和胡淑静（2012）认为，随着消费者个性化需求逐步显现，企业可以通过增加营销布点、利用互联网的优势，扩大渠道覆盖面，满足顾客需求，增加接近顾客的机会，创造基于顾客的竞争优势，加快市场渗透速度及企业产品的议价能力，提升市场能力。刘志彪和张杰（2007）、李仕越（2009）认为，代工企业升级中会遭遇由发达国家跨国企业所具有的技术势力和国际大购买商所具有的市场力的双重阻击，代工企业可以选择基于国内巨大的市场空间形成国内价值链，建立"区域性的"价值链，培育国内市场势力。朱勤（2009）研究电信业的国际市场势力发现，产品同质性程度高和竞争供给国替代性强是造成我国电子信息业国际市场缺失的重要原因，跨国企业依托先发优势在技术、渠道等方面垄断形成较强的国际市场势力，国内代工企业可以利用组织创新，掌握研发要素、专利资源、品牌资源、渠道权力等关键性战略资源，实现攀升过程中的价值创新，提高在国际市场中对合作者及竞争对手的影响力，逐步提升市场势力，实现企业升级。李磊和何青松（2012）认为，中国企业可以通过逆向 OFDI 促进市场势力的构建，陷入"微笑曲线"谷底的中国代工企业可以借助逆向 OFDI，利用技术创新驱动研发、品牌渠道实现创新价值，向价值链两端的营销、品牌、研发等高利润环节攀升，最终成为关键环节的支配者而拥有市场势力，顺利实现升级。

根据以上分析，本书提出假设：

H2：代工企业的市场力强度和与代工企业功能升级正相关。

3. 品牌力与代工企业升级的假设关系

由前面分析可知，代工企业因嵌入全球价值链的生产环节，市场力和品牌力缺失，而且代工企业严重缺乏塑造市场力和品牌力的资源及人才，现有研究代工企业升级时，将品牌力归入市场力中作为一个整体处理，没有意识到品牌力的独特作用，尤其不够重视企业自主品牌升级（宋耘和王婕，2017）。品牌战略是创造和培育可持续竞争优势的政策，品牌建设活动强调和说服客户的品牌力量，并抓住最终用户的想象力和注意力。基于顾客的品牌力反映了价值观、权力结构和卓越技术长期市场支配地位，一个品牌的财务价值取决于它的"品牌实力"，即其客户特许经营的实力（Barwise，1993）。因为小企业必须经常依靠网络和口碑建立强有力的、有利的和独特的联想（Abimbola，2001）。考虑工业品品牌的独特性和复杂性，要了解品牌在组织购买过程中的作用，应利用企业品牌化的方法，围绕品牌的无形资产建立企业品牌，避免混淆企业传播策略和品牌战略（Webster，2004）。

代工企业发展自主品牌的困难可想而知，很多企业止步于构建市场力，而忽视了品牌力的发展。通过品牌化，代工企业能够创造、培育和创新其市场资产，培育品牌感知价值和消费者的品牌资产（如声誉），增强和控制顾客的信任，为代工企业创造利润。一个强大的品牌是竞争对手非常难复制的，是公司来源不变的资产，是公司强大的知识产权来源，也是可持续增长的源泉。

企业的永续增长必须依靠品牌拉力，影响消费者选择和购买的因素就是品牌，品牌拉力影响了消费者的选择行为，企业建立起以品牌建设为核心的品牌型组织结构，为此必须进行组织结构和制度的变革，以适应新的需要和新的情况（刘华军，2006）。品牌的核心是品牌信用度，指通过排他性的符号向目标顾客做出并做到某种品类承诺的程度，我国企业可以通过建立新的品类级品牌摆脱价格竞争，进入良性循环（孙曰瑶，2006）。

根据以上分析，本书提出假设：

H3：代工企业的品牌力强度与企业功能升级正相关。

（二）中间变量假设

代工企业在构建技术力、市场力、品牌力来推动企业升级的过程中，升级的效果会受到代工企业在网络中的信任关系及制度环境的调节；技术力、市场力、品牌力对代工企业升级的正向影响通过提高代工企业的核心能力，进而促进代工企业升级的机制实现的。因此，本书将信任关系、制度环境作为两者关系的调节变量，核心能力作为两者关系的中介变量。

1. 信任关系的调节作用

社会嵌入理论认为，经济活动嵌入在社会网络关系中，信任是代工企业与其他企业与成员合作的基础，相互信任可以降低合作双方的约束，也是代工企业成长的关键因素。McAllister（1995）将信任分为情感型信任和认知型信任。Nooteboom（1996）将信任分为动机型信任和非自利型信任，无论哪种信任类型，都是合作双方在长期合作中建立起来的联系和依赖。代工企业应积极建立与网络中成员的信任关系，信任关系的深度不同，对代工企业的影响也不同。

较强的信任关系可以降低共享所带来的利益、认可、权力等方面或成本，满足合作双方的心理或交换预期（王智宁等，2012），可提升共享行为发生的概率，及时得到企业升级所必需的信息和资源，改善自身的信息和资源总量和质量，获得企业升级所需的技术、知识、经验、资金等；彼此间良好的信任关系，可以激发双方积极的合作态度，转移保护和防备意识就会减弱，促进资源快速扩散，为高水平的协作提供更为开放、宽松和自由的氛围，促进高质量的资源传递和转移。组织间互动涉及的信息和资源种类丰富，包括提升技术力、市场力、品牌力方面的知识信息、政策信息、消费者信息、相关利益团体的信息、竞争者的信息等，这些信息和资源在企业里成功转化为升级的推动力；在相互信任的关系网络中，信息和资源的质量、数量、规模、范围、速度都会高于普通关系网络，随着双方了解的深入，会逐步建立代工企业相关的权力范围，推动代工企业的升级。

基于以上分析，本书提出如下假设：

H4：代工企业的技术力对代工企业功能升级的作用受到信任关系的调节，信任关系越好，技术力水平越高，越有利于促进代工企业功能升级。

H5：代工企业的市场力对代工企业功能升级的作用受到信任关系的调节，信任关系越好，市场力水平越高，越有利于促进代工企业功能升级。

H6：代工企业的品牌力对代工企业功能升级的作用受到信任关系的调节，信任关系越好，品牌力水平越高，越有利于促进代工企业功能升级。

2. 制度环境的调节作用

代工企业所处的制度环境是影响代工企业战略决策的重要因素，制度因素对产业链高端的技术研发环节和品牌营销环节的交易成本及交易效率影响较大。企业所处的制度环境对企业的成长机遇、融资环境、资源调配及投资行为等方面产生直接影响，制度环境决定了企业的市场行为，进而影响企业发展绩效，在制度环境的影响下，代工企业会选择相宜的发展路径。

代工企业在国家诱致性政策的影响下，以代工方式加入全球价值链，由于制度惰性的决定性因素，致使很多企业陷入低端锁定的局面，加之制度缺失与制度倾斜，造成本土代工企业创新的人才和创新要素不足，缺少创新的动力，代工企业要顺利升级，必须打破制度惰性。国家要建立社会制度结构容纳且有利于企业边界灵活柔性变动的制度环境，协调企业间的交易费用降低，推动代工企业建立以品牌为核心的大规模营销网络、实现产品销售的规模经济或范围经济、追求深层次、高研发投入的创新体系（康志勇和张杰，2009）。

国家（地区）创新系统、创新政策、科技制度、知识产权保护制度、契约制度、行业规范等相关制度形成的制度环境，有利于促进代工企业更多的研发投入，激发企业家的创新精神，引导企业的创新活动获取核心竞争力，实现代工企业的技术升级。

市场环境要素是形成有利于代工企业市场、品牌升级制度环境的重要因素，包括人民币升值、激励政策、税收优势、贸易壁垒、产权制度、补贴制度、出口退税下调、融资制度、市场准入制度、反垄断制度等正式制度环境，以及权利、契约、伦理和道德意识等非正式制度环境（李诗田和邱伟年，2012）。代工企业所处的市场化发育程度越高，竞争环境越公平，社会经济主体间的相互信任程度越高，代工企业对社会整体预期越稳定，会减小代工企业升级的风险，促进代工企业实现市场和品牌升级。

基于以上分析，本书提出如下假设：

H7：代工企业的技术力对代工企业功能升级的作用受到制度环境的调节，制度环境越好，技术力水平越高，越有利于促进代工企业功能升级。

H8：代工企业的市场力对代工企业功能升级的作用受到制度环境的调节，制度环境越好，市场力水平越高，越有利于促进代工企业功能升级。

H9：代工企业的品牌力对代工企业功能升级的作用受到制度环境的调节，制度环境越好，品牌力水平越高，越有利于促进代工企业功能升级。

3. 核心能力的中介作用

（1）技术力、市场力、品牌力对核心能力的作用假设。代工企业的技术力、市场力、品牌力是代工企业通过要素转化和能力积累形成的技术、市场领域的影响力，是代工企业拥有的能力集合，集中了制造、技术研发、市场营销、品牌管理方面的所有能力，企业擅长且突出于关键领域的能力，不易被他人模仿或转移，形成了代工企业的核心能力。核心能力是由不同的能力要素有机联系而形成的企业整体竞争实力。Meyer 和 Utterback（1993）认为，企业的核心能力由产品技术能力、对用户需求理解能力、分销渠道能力以及制造能力构成，核心能力是企业未来的发展方向和目标实现的依据。

代工企业通过知识创新和研发创新，在全球价值链中识别技术机会，并通过技术规则形成某一方面的技术力，技术力得到增长后，促进企业拥有更多的先进技术经验、专业知识和创新能力，具备一定的势力范围和依赖群体，从而形成了代工企业发展的竞争优势和核心能力。

代工企业利用技术优势形成的技术力，在合作领域内扩大企业的影响力，加强与终端客户的宣传与沟通，尝试建立中间的 B2B 品牌，在领域内技术领先的天生国际化公司则可直接将技术力转化为企业的核心能力；代工企业自身营销能力薄弱，很难形成购买者驱动的市场势力，代工企业可以借助渠道合作、联盟、渠道共建等市场渗透形式，逐步形成市场力。代工企业必须努力培养基于终端消费者的品牌力，品牌力的提升离不开企业不懈的品牌沟通和品牌关系的建立与巩固，得到消费者的认可，才能最终将市场力和品牌力转化为代工企业成长的核心能力。

基于以上分析，本书提出如下假设：

H10：代工企业技术力对企业核心能力有正向影响。

H11：代工企业市场力对企业核心能力有正向影响。

H12：代工企业品牌力对企业核心能力有正向影响。

（2）核心能力对代工企业功能升级的作用假设。代工企业的功能升级本质上指代工企业价值创造的功能升级，在价值链上创造价值增值的过程，从满足消费者对产品功能价值的需求上升到为消费者带来便利、情感、自豪感、自我追求层面的价值需求，也就是说，持续为消费者带来独特的价值感受。

企业的核心能力指基于价值创造并能够保持竞争优势的独特技术、技能和知识的有机集合（罗宏和陈燕，2005），核心能力的基本特征是为企业创造价值，终极目标是企业价值的最大化，在价值创造方面具有核心地位。企业的核心能力可以不断拓展企业的成长空间，它甚至能够从某一领域跨入另一领域，或由此交叉产生一些新领域，并在新的领域内为企业带来竞争优势，持续创造价值，如图5-1所示。

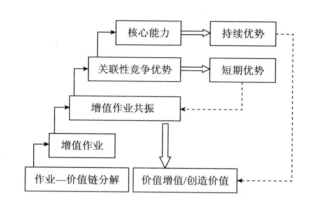

图5-1 作业—价值链优化的核心能力形成机理

资料来源：傅博娜．基于价值链优化的企业核心能力提升［J］．西安科技大学学报，2013（4）：480-484.

代工企业核心能力持续地开发新产品和新市场，促进产业的专业化和产品的差异化，并不断地进行市场渗透，从而获得规模经济优势。同时，独具特色的核心能力，能避免低层次的价格竞争，拓宽利润空间。代工企业的核心能力为客户创造价值，提升市场的反应速度，满足顾客需求，超越了具体的产品和服务的产品功能价值，通过改变企业的战略业务单元，上升到企业之间在产品市场上的地位和优势的竞争，体现了企业间整体价值的博弈。

企业的核心能力是依靠经验和知识积累的一个渐进过程，核心能力在价值链的不同环节会发生转移，以生产制造为起点，向研发或市场、品牌高级阶段或高层次的商业模式延伸。代工企业在企业内部通过价值链分解、重构，防止核心能力刚性，建立动态核心能力，深化、优化或者改变核心能力，才能持续赢得竞争优势，推动代工企业升级。

基于以上分析，本书提出如下假设：

H13：代工企业的核心能力对代工企业功能升级有正向影响。

（三）研究假设关系路径

根据以上有关假设关系的分析，得出本书的假设关系图，如图5-2所示。在模型中，技术力、市场力、品牌力对代工企业升级的直接效应，基于匹配的视角，引入信任关系、制度环境为调节变量，核心能力为中介变量，深入地阐述了技术力、市场力、品牌力对代工企业升级的影响机制。

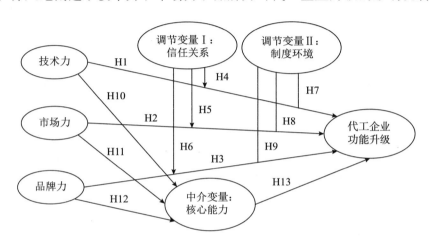

图5-2 "三力一链"代工企业升级假设关系

本书共提出13个研究假设：

H1：代工企业的技术力强度与代工企业功能升级正相关。

H2：代工企业的市场力强度与代工企业功能升级正相关。

H3：代工企业的品牌力强度与代工企业功能升级正相关。

H4：代工企业的技术力对代工企业功能升级的作用受到信任关系的调节，信任关系越好，技术力水平越高，越有利于促进代工企业功能升级。

H5：代工企业的市场力对代工企业功能升级的作用受到信任关系的调节，信任关系越好，市场力水平越高，越有利于促进代工企业功能升级。

H6：代工企业的品牌力对代工企业功能升级的作用受到信任关系的调节，信任关系越好，品牌力水平越高，越有利于促进代工企业功能升级。

H7：代工企业的技术力对代工企业功能升级的作用受到制度环境的调

节，制度环境越好，技术力水平越高，越有利于促进代工企业功能升级。

H8：代工企业的市场力对代工企业功能升级的作用受到制度环境的调节，制度环境越好，市场力水平越高，越有利于促进代工企业功能升级。

H9：代工企业的品牌力对代工企业功能升级的作用受到制度环境的调节，制度环境越好，品牌力水平越高，越有利于促进代工企业功能升级。

H10：代工企业技术力对企业核心能力有正向影响。

H11：代工企业市场力对企业核心能力有正向影响。

H12：代工企业品牌力对企业核心能力有正向影响。

H13：代工企业的核心能力对代工企业功能升级有正向影响。

本模型通过定量的实证研究深入地了解和分析了代工企业"三力"对代工企业升级的影响。研究方法主要采取问卷调查形式，运用描述统计分析、因子分析、回归分析方法对这些数据进行处理，探讨了技术力、市场力、品牌力对代工企业升级的效应。

二、"三力一链"代工企业升级机理的实证分析

为了深入分析技术力、市场力和品牌力对代工企业升级的影响，除需要大量的、规范性的理论推理外，还通过企业层面的大面积问卷调查进行数据分析从而对理论模型进行验证。

（一）问卷设计与调查

1. 调查问卷设计过程

调查问卷的设计是关键环节，调查数据的信度和效度会直接影响调查结果的准确性和可靠性。问卷中的题目设计要能解决研究问题，研究方法必须与研究对象和研究问题相吻合。对于某些研究问题，可以运用现成的

量表：一是参考相关的文献，这些研究本书后面均附有衡量其研究变量的量表；二是向编汇量表的机构购买（荣泰生，2010）。

本书有关调查问卷中量表的结构和问题的确定主要通过以下几个阶段：

第一阶段：通过文献研究选择问卷题项。阅读了大量有关代工企业升级的技术力、市场力、品牌力、代工企业升级类型等方面的国内外相关文献，寻找与本书相关的成熟测量量表，结合我国代工企业发展阶段的现状形成测量变量的初步测度题项，形成了调查问卷的初稿。

第二阶段：结合专家和学术团队的意见。与笔者所在学术团队的2位教授、3位副教授、2位博士及其他小组成员讨论交流，对问卷测度题项设置的合理性、逻辑关系进行深入探讨，由此形成问卷的第二稿。

第三阶段：征询代工企业界的专家意见及建议。与1位多年从事代工企业的负责人，2位拥有丰富企业管理经验的高层管理人员进行深入访谈，针对量表变量的设置、各变量间的逻辑关系是否符合代工企业运行的实际情况征询意见，同时对问卷的相关专业性词汇、措辞等是否易于理解进行了解，最后综合企业专家的意见对问卷进行了进一步的修正，形成了问卷的第三稿。

第四阶段：问卷的预测试。选定代工企业进行预调研，问询他们在答卷过程中存在的问题，并根据面对面交谈所取得的建议，对问卷做相应的调整。将问卷发放给代工企业的中高层管理人员进行答题，共收回63份有效预测试问卷，先对研究变量做信度和效度检验，然后根据检验结果修改调查问卷，最终形成最终调查问卷。

2. 调查问卷的基本内容

本书的调查问卷内容设计，主要围绕代工企业技术力、市场力、品牌力组成的"三力"，对代工企业升级的推动作用而展开，运用因子分析及结构方程对获得数据进行统计分析，探寻"三力"对代工企业升级的影响机制。遵从研究的目的和研究的内容，本书调查问卷主要包括以下几个方面的内容（详见附录）：

（1）企业的基本信息；

（2）代工企业的技术力、市场力、品牌力的发展状况；

（3）代工企业的信任关系、制度环境、核心能力的状况；

（4）代工企业功能升级状况的判断。

（二）变量的测量

根据前文技术力、市场力、品牌力与代工企业升级之间的关系，建立了基于"三力—企业升级"模型框架，在此对这些变量进行测量。一是对代工企业的"三力"的测量；二是对中间变量的测量；三是对代工企业功能升级变量的测量。本书变量的测量方式采用李克特主观感知七级量表法（Likert Scale）进行设计，即评估者对人、现象或事件的态度及看法从同意到不同意的陈述方式，参与者可以指出他们同意或不同意的程度。选择七点量表法，是为了防止测量数据过度偏态的问题，7 级打分法，1 分表示非常不符合，即与企业不存在此种情况或实际发生的情况完全不一样，2分、3 分、4 分、5 分、6 分的符合程度依次递增，7 分则表示与企业情况完全符合。本书变量测量依据及指标设计内容表述如下。

1. 代工企业全球价值链高端攀升的驱动力变量的测量

（1）技术力。代工企业的技术力是价值链上的一种权力和地位。技术权力来自知识权力，党兴华和查博（2011）从稀缺性、控制性、等级性、依赖性和动态性 5 个方面度量技术权力。康凯等（2016）认为，在全球价值链中，由于核心企业与外围企业存在"对核心技术的控制""设立研发中心""存在技术级差""技术依赖""与大学和科研机构合作"而被纳入"技术权力"的主范畴。张云逸（2009）认为，技术权力具有一般网络权力的控制作用能力，主要体现在技术领导公司的股权控制、技术锁定、标准控制、专利控制等方面。Giuliani 等（2005）认为，拥有关键技术的核心企业技术创新对企业网络结构有影响。黄继泽和刘国建（2010）认为，企业的技术权力必须拥有一定的专利保护的核心技术，企业通过技术专利保护、与政治权利结合、技术权力扩张和技术标准和规范运用技术权力。曹勇和赵莉（2013）认为，专利管理可分为专利获取、专利保护和专利商业化三个环节。

本书基于以上学者的观点，结合代工企业实地调研及专家的建议，本书从核心技术、专利、知识产权、专利联盟、技术标准等方面对代工企业的技术力变量进行测量，并以 10 个题构建 Likerts7 级量表，具体的题项如表 5-1 所示。

表 5-1　变量测度——技术力（Technical Power）

	测度题项	来源或依据
TC01	贵企业非常重视知识产权对企业技术能力的提升	Giuliani 等（2005）；张云逸（2009）
TC02	贵企业已经申请相关专业领域的专利	
TC03	贵企业通过技术标准的竞争来获取企业的竞争优势	
TC04	相关产业的知识产权制度推动了贵企业的自主创新发展	
TC05	贵公司组建或加入了相关专利联盟组织	
TC06	贵公司积极主持或参与国际、国内行业标准的制定	
TC07	贵公司常常在行业内领先推出新产品、服务	
TC08	贵企业的核心技术在行业中有竞争、影响力	
TC09	贵公司拥有生产或提供主导产品或服务的互补性资源	
TC10	贵企业根据客户需要改善产品生产、工艺流程	

（2）市场力。Ronadner 等（2003）认为，在非完全竞争市场中，市场势力形成与变化是指市场势力的程度由低到高不断地发生变化。市场势力行为分为价格行为判定标准和非价格行为的判定标准（企业制度创新行为、广告行为、技术创新行为、并购行为）。池仁勇和胡淑静（2012）构建的市场权力指标体系包括：①技术先进性指企业产品的先进性和技术标准的先进性；②品牌指企业是否拥有自主品牌、品牌在消费者心目中的地位及客户的忠诚度等方面；③网络化水平指企业营销网点数量及互联网销售的情况。Douglas 等（2005）认为，基于市场的组织学习是企业可持续竞争优势的重要来源，潜在的有价值的决定企业绩效因素有八个营销能

力：①定价；②产品开发的过程；③渠道管理；④营销传播，企业的能力管理客户的感知价值；⑤销售；⑥市场信息管理；⑦营销策划公司的营销策略；⑧营销实施的过程。占明珍（2011）认为，市场势力形成与变化的内在作用机制包括市场集中、进入壁垒、规模经济、产品差异化等因素是市场结构因素；投资、并购、工艺、R&D、管理制度创新、营销与广告、产品研发、合作与合谋等因素是市场行为因素。Brandow（1969）提出，市场势力是企业能够直接地影响其他市场竞争者、价格、推广促销等市场变量的一种能力，市场势力的来源有市场份额、巨大的金融资源、产品多样化、本地市场的地理拓展、垂直整合、寡头垄断的核心成员，产品差异化包括新产品、到达客户、购买者的结构尤其是尺寸和数量、行业产品的需求弹性。

本书基于以上学者的观点，结合代工企业实地调研及专家的建议，从定价、渠道控制、合作、竞争者、市场份额等方面对代工企业的市场力变量进行测量，并以8个题项构建Likerts7级量表，具体的题项如表5-2所示。

表5-2　变量测度——市场力（Market Power）

	测度题项	依据和来源
MC01	贵企业具有领先于竞争对手的市场研究能力	Douglas 等（2005）；池仁勇和胡淑静（2012）
MC02	贵企业新产品开发与客户匹配的程度较高	
MC03	贵企业在行业中具有单独或联合定价权	
MC04	贵企业通过合作、联盟等形式构建营销核心能力	
MC05	贵企业通过市场管理创新的水平高于竞争者	
MC06	贵企业居于渠道领导的地位	
MC07	贵企业的产品在同类产品中占有市场份额较大	
MC08	贵企业会影响到竞争者营销策略的制定	

（3）品牌力。陆力斌和许秀珍（2009）定义了品牌领导力是品牌所在行业中的综合竞争地位。庞小伟（2003）认为，品牌力指品牌形成的概念对消费者心智中协同作用的程度。王海忠和刘红艳（2009）认为，品牌领

导力由品牌魅力和品牌影响力组成。

品牌影响力指品牌在技术和创新方面的领先地位能够大大增强品牌的影响力。扬·鲁必凯公司品牌资产评估系统中，除一些品牌自身特征外，每个被评估的品牌还要接受一个包含 32 个条目的问卷调查，这些条目实际上是从品牌差异度、相关度、尊重度和认知度四个维度衡量。张曙临（2000）认为，品牌价值的每一构成部分都有两个来源，即企业来源与消费者来源，实质是品牌权力，品牌权力是企业品牌法律权力与市场权力的有机统一。

花建锋等（2014）从消费者的角度认为，确定品牌强度包括三个维度，即知名度、美誉度、信任度。Aaker 和 Jacobson（2005）的品牌资产评价法是对传统会计学方法的挑战，它试图克服使用财务指导的不足。根据 David A. Aaker 的理论，品牌资产有五个维度：品牌忠诚度（价差效应、满意度/忠诚度）、品牌知名度、品质认知（品质认知、领导性/受欢迎程度）、品牌联想（价值认知、品牌个性、企业联想）和专有资产（市场份额、市场价格、分销渠道覆盖），借助市场研究方法可以测量上述维度。

本书基于以上学者的观点，结合代工企业实地调研及专家的建议，本书从品牌定位、品牌形象、品牌领导力、品牌价值等方面对代工企业的品牌力变量进行测量，并以 8 个题项构建 Likerts7 级量表，具体的题项如表 5-3 所示。

表 5-3　变量测度——品牌力（Brand Power）

	测度题项	依据和来源
BC01	贵企业品牌声誉高，受消费者推崇	Aaker（1996）
BC02	贵企业具有统一品牌定位	
BC03	贵企业品牌消费者的溢价支付意愿	
BC04	贵企业具有独特的品牌形象	
BC05	贵企业品牌越来越受欢迎	
BC06	贵企业为某产品大类中的领导者	
BC07	贵企业因为创新而受到欢迎	
BC08	贵企业品牌提供的产品物有所值	

2. 中间变量的测量

（1）信任关系。代工企业与合作者信任关系的建立使企业与外部知识和信息的转移更加顺畅，与供应商、专家、同行竞争者、企业联盟、中介、专家等高水平的信任水平提高，为企业提供发展机会。李振华等（2017）在测量孵化网络中企业的信任关系时，以信任和承诺两个维度测量了企业与中介机构、合作大学、科研院所、同行企业及产业链上下游企业的信任关系和信任水平。一些学者使用关系强度（连接强度）测量信任关系，李文博等（2008）用"与下游企业联系的密切程度""与上游企业的密切程度""与同业企业的密切程度""与其他企业的密切程度"等题项来测度联结强度。任宗强（2012）使用信任、信息共享、共同解决问题等关系嵌入机制作为联结强度的重要观察指标。个体间的信任关系分为两种类型，即情感型信任和认知型信任 McAllister（1995）、肖志雄（2015）在研究信任关系对组织吸收能力的影响时认为，信任关系包含人际沟通与组织承诺 2 个变量，人际沟通设置了"本企业负责人和客户负责人之间不仅是业务伙伴，还是朋友""本企业员工和客户的员工毫不隐瞒地分享业务知识""本企业和客户在重要节日或公司庆典会互致问候" 3 个题项；组织承诺也设置了 3 个题项，"本企业一直严格履行合同职责""本企业对口头协定都向来言出必行""本企业能根据客户要求及时提供服务"。汪斌和候茂章（2007）认为，可以从订货程序、契约性关系、审查、依赖程度、技术支持、沟通、价格决定、信用展期、外包支付条款等几个对全球价值链上的信任关系进行评估。

本书基于以上学者的观点，结合代工企业实地调研及专家的建议，本书从信任和承诺方面对信任关系变量进行测量，并以 7 个题项构建 Likerts7 级量表，具体的题项如表 5-4 所示。

（2）制度环境。制度环境是企业经营环境的重要构成要素之一，制度环境的维度分为正式制度和非正式制度，正式制度环境包含政治、经济、金融和法律，非正式制度环境主要指各地区的文化环境（宋渊洋和刘劲思，2015），目前对制度环境的测量主要以市场化指数的二手数据为主，因数据

表 5-4　变量测度——信任关系（**Trust Relations**）

	测度题项	依据和来源
TR01	贵企业与合作者保持良好的信任关系和合作机制	
TR02	贵企业与合作者之间经常交流信息和资源	
TR03	贵企业与合作者之间经常开展合作项目，解决关键问题	
TR04	贵企业愿意与合作者共享信息和资源	McAllister（1995）；肖志雄（2015）
TR04	贵企业与合作者之间经常交流信息和资源	
TR05	贵企业一直严格履行合同职责	
TR06	贵企业对口头协定都向来言出必行	
TR07	贵企业能根据客户要求及时提供服务	

收集的难度大，采用问卷调查的研究较少。毛蕴诗等（2009）认为，影响代工企业升级的制度环境因素包括：诱致性创新、强制性制度变迁、国家（地区）创新系统和相应的地方政府政策、创新平台和配套服务体系；基础设施；税收优惠；知识产权保护；专业人才培育；风险资金与金融扶持等。秦玥（2014）认为，影响民营企业的制度环境包括政府干预程度、经济结构、金融业发展水平以及法律环境四个变量，对企业创新行为有影响的制度环境包括政府补贴、税收优惠、风险投资、知识产权以及政府采购等。李凡等（2015）在研究中印两国企业的创新环境时，提出中印两国常用的政策工具包括信息支持、对中小企业的支持、财政支持、金融支持、税收优惠、人力资源培养、技术标准制定、行政支持、知识产权保护、政府采购、国际合作。梁正（2017）在研究我国科技政策向创新政策转化过程中，在环境面消除"制度障碍"，营销环境转变的影响因素包括财政投入、税收优惠等优惠性政策、相关激励政策特别是财税政策的公平性与普惠性、营造创新的良好生态"软环境"。陈怀超和范建红（2014）在研究国家的制度距离时，构建了政府政策、法治环境的差异，共计 10 个题项的测量变量。

本书基于以上学者的观点，结合代工企业实地调研及专家的建议，本书从政治、经济、法律、金融和文化方面对制度环境变量进行测量，并以

14 个题项构建 Likerts7 级量表，具体的题项如表 5-5 所示。

表 5-5　变量测度——制度环境（Institutional Environment）

测度题项		依据和来源
IE01	政府减轻企业税外负担	
IE02	放宽审批、配额、许可证等限制，简化程序	
IE03	市场中介组织的发展对企业的帮助较大	
IE04	产品市场的发育程度较好	
IE05	要素市场的发育程度较好	
IE06	拓宽融资渠道、提供贷款优惠、保险以及风险控制	
IE07	给予免税、减税、贴息等优惠	梁正（2017）；毛蕴诗（2009）
IE08	建立和完善人才教育培训体系	
IE09	制定符合本国创新标准并与国际接轨的技术标准	
IE10	培育创新文化，形成支持创新创业的社会氛围	
IE11	法律系统能有效保证商业合同的履行	
IE12	政府在制定政策时，比较透明	
IE13	所制定的政策能有效地保护知识产权	
IE14	规章制度明显影响到企业的商业活动	

（3）核心能力。核心能力是代工企业持续竞争优势的源泉。徐中等（2010）在研究创业企业核心能力与绩效的关系时，构建的企业核心能力调研问卷包含创业企业架构能力、元件能力。王毅（2002）将核心能力要素分为元素能力和构架能力两种，包括战略核心能力、组织核心能力、技术核心能力 3 个层次。魏江和叶学锋（2001）在确认核心能力评价系统时，按核心能力影响的层次性和影响力范围大小，从战略管理、组织管理和职能管理三个方面绩效的指标评价企业核心能力。王云杰等（2006）将知识系统按核心能力重新分层为环境能力、技术能力和管理能力。郭斌和蔡宁（2001）认为，将核心能力评价指标体系包括企业战略管理能力、企业核心制造能力、企业核心技术能力、企业组织与界面管理能力、企业核心营销能力五个评价维度。杨桂菊（2009）认为，从能力可替换的角度，将代工企业的核心能力分为组装和制造能力、研发设计能力、品牌营

销能力和国际化运营能力。Meyer Utterback（1993）认为，企业的核心能力由产品技术能力、对客户需求的理解能力、渠道能力及生产制造能力四部分组成。Hamel（1994）将核心能力分解为市场进入能力、集成相关能力、能力相关能力。

本书基于以上学者的观点，结合代工企业实地调研及专家的建议，本书从核心能力的存在、架构、发展方面对核心能力变量进行测量，并以7个题项构建Likerts7级量表，具体的题项如表5-6所示。

表5-6　变量测度——核心能力（Core Capabilities）

	测度题项	依据和来源
CC01	贵企业形成了成熟的核心能力	Meyer Utterback（1993）；郭斌和蔡宁（2001）
CC02	贵企业的核心能力逐渐增强	
CC03	贵企业员工了解企业的核心能力，并愿意保护与强化	
CC04	贵企业核心能力在专业领域内处于领先地位	
CC05	贵企业的核心能力是多种能力的组合	
CC06	贵企业具有提升核心能力的架构能力（整合能力）	
CC07	贵企业具有提升核心能力的元件能力（职能能力）	

3. 代工企业全球价值链高端攀升的升级变量的测量

有关企业的升级多是围绕Humphrey和Schmitz（2002）提出的四种升级类型，产品升级、工艺升级、功能升级、链条升级。代工企业的功能升级指企业获得新的功能或放弃现有的功能，向生产更高价值资本或技术密集型产品的角色过渡，以期获得更高利润，功能升级为企业带来持久的竞争力。

毛蕴诗等（2016）运用扎根理论开发的代工企业功能升级衡量指标包括公司扩大了研发和市场部门，产品研发所应用的技术不断增多，通过专门的职能部门推出和加强了新产品的开发，与供应商或者客户协同开发新产品。姜劲和孙延明（2012）在研究代工企业利用外部社会资本对代工企业升级影响时使用的功能升级量表包括全新产品的设计和生产、品牌的建立和推广、拥有自身的核心技术3个题项。戴勇和肖丁丁（2011）研究代工企业的功能升级时，分别研究了ODM、ODM向OBM过渡及OBM阶段的升级指标：ODM 阶段，高级产品销售、市场营销部门建立、市场化自己设计的产品；ODM 向 OBM 过渡阶段，完善产品系列、直接销售给海外的零售商、开始自有品牌销售；OBM 阶段，自有品牌促销、市场销售直接面向顾客、不依赖于海外分销商、内部的营销研究能力。吴波等（2010）在研究绍兴纺织产业集群升级时，以新产品开发能力与新产品销售能力来刻度制造企业的功能升级。李丽华（2010）在研究浙江纺织服装企业的功能升级时，从技术能力升级和市场扩张能力两个方面，构建技术势力和市场势力。Jay（2003）认为企业应从组织创新、优化企业的创新活动等方面获取竞争优势。钟帅和章启宇（2015）测量关系互动的品牌资产量表包含品牌个性、品牌互惠、品牌礼遇、关系地位和关系能量 5 个维度 27 个测量题项。

本书基于以上学者的观点，结合代工企业实地调研及专家的建议，本书从技术、市场、品牌三个方面对功能升级变量进行测量，并以 10 个题项构建 Likerts7 级量表，具体的题项如表 5-7 所示。

表 5-7　变量测度——功能升级（Function Upgrading）

	测度题项	依据和来源
FU01	公司扩大了研发和市场部门	
FU02	产品研发所应用的技术不断增多	
FU03	拥有自身的核心技术	
FU04	通过专门的职能部门，推出和加强了新产品的开发	
FU05	产品开发和设计能力得到了提高	毛蕴诗（2016）；
FU06	与供应商或者客户协同开发新产品	钟帅和章启宇
FU07	公司具有专门进行品牌推广的部门或职能	（2015）
FU08	成功向市场推出新产品的速度提高了	
FU09	贵公司在终端客户市场有一定的影响力	
FU10	贵公司具备完整的营销能力改善顾客满意度	

（三） 小样本测试与量表修正

本书研究问卷的初始题项，主要是来自成熟的测试量表，再结合本书的研究内容进行修改提炼。为了提高测试问卷的信度和效度，提高相关题项所描述内容的精确性和语言表达的准确性，首先对问卷进行预测试。

本书问卷的研究对象为具有升级意愿的企业，前期积累了一定的资源和能力，准备进行功能升级的代工企业。主要是从事过或正在进行代工制造的企业，企业类型包括国有企业、中外合资企业、中小企业为主。本书的预测试问卷在广东、江苏两地制造业企业展开，共发放问卷 100 份，回收问卷 67 份，其中有效问卷 63 份。本书使用 SPSS19.0 对预测试问卷进行效度和信度分析。

本书用 KMO（Kaiser-Meyer-Olkin）样本充分性测度值和巴特莱特球形检验（Bartett Test of Sphericity）判断是否可以进行因子分析，主要利用主成分分析法进行方差最大正交旋转法抽取特征根大于 1 的因子，其中所抽取的因子方差贡献率总和不得少于 60%，KMO 测试值用来比较变量间简单相关系数和偏相关系数的指标。Kaiser 给出了常用的 KMO 度量标准：大于 0.9 表示非常适合，0.8 表示适合，0.7 表示一般，0.6 表示不太适合，小于 0.5 表示极不适合。通常情况下，Bartlett 球形检验（Bartlett Test of Sphericity）统计值的显著性概率小于等于 α，KMO（Kaiser-Meyer-Olkin）值大于 0.70，且各测试题项的负荷系数大于 0.5 时，可以将同一变量的各测量题项最终合并为一个研究因子。

信度又称可靠性，表示对于同样的调查对象，运用同样的调查方法得出同样调查数据的可能性，表示度量结果的重复性或稳定性。常用的信度指标有稳定性（Stability）、等值性（Equivalence）和内部一致性（Intenal Consistency），当前学术研究习惯于使用内部一致性（Intenal Consistency）测量信度，本书选取 Cronbach's α 系数值作为衡量所测试量表内部一致性的指标，α 系数取值一般大于 0.7 是可接受的，CR 大于 0.6 即表示该测量具有可接受的信度，本书选择的标准为 α 大于 0.5。

以下分别用软件 SPSS19.0 对各变量的信度和效度进行分析，分别使用软件的因子分析部分和可靠性分析部分。

1. 代工企业技术力

代工企业技术力的因子分析和信度检验结果如表 5-8 所示，Bartlett 统计值显著，KMO 为 0.796，大于 0.7 的标准，表明适合做探索性因子分析。由于组成技术力题项数量过多会影响验证性因子分析模型的结果，侯杰泰等（2004）认为，每个因子用 3~5 个题项表征的模型是最稳定的，因此，本书对每个维度因子根据因子载荷系数及文献研究较重要的因子，利用主成分分析法提取公因子，并基于特征值大于 1 的抽取原则，最大因子载荷大于 0.5 的要求，采用最大方差法旋转。

表 5-8　代工企业技术力的信度和因子分析结果

题项	因子载荷	If α	预测试结果
TC05	0.784	0.836	接受
TC07	0.842	0.782	接受
TC09	0.840	0.763	接受
KMO = 0.796 Bartlett 球形检验 Sig. = 0.000 Cumulative of Variance = 67.777（%）		Cronbach's α = 0.837	

注：If α 为 Cronbach's Alpha if Item Deleted（删除该题项后的 Cronbach's α）系数的缩写。

从表 5-8 可以看出，代工企业技术力通过因子分析后提取出一个公因子，其累计方差贡献率达到 67.777%，各题项的因子载荷值介于 0.784~0.842，均大于 0.5 的标准，由此可以看到，该部分测量量表具有较高的结构效度。

从表 5-8 可以看出，衡量代工企业技术力的 3 个题项的 Cronbach's α

系数为 0.837，大于 0.7，说明该部分测量题项具有较高的可靠性。

2. 代工企业市场力

代工企业市场力的因子分析和信度检验结果如表 5-9 所示，Bartlett 统计值显著，KMO 为 0.778，大于 0.7 的可接受标准，说明该题项适合做探索性因子分析。

从表 5-9 可以看到，代工企业市场力通过因子分析后提取到一个公因子，该因子累计方差贡献率为 72.482%，测试题项的因子载荷值均介于 0.759~0.904，且大于 0.5 的测试标准，因此判断，该测试量表具有较好的结构效度。

从表 5-9 可以看到，测试代工企业市场力的 3 个题项的 Cronbach's α 系数为 0.852，大于 0.7 的标准，说明该测量题项具备了较高的可靠性。

表 5-9　代工企业市场力的信度和因子分析结果

题项	因子载荷	If α	预测试结果
MC01	0.759	0.823	接受
MC06	0.813	0.752	接受
MC07	0.904	0.738	接受
KMO = 0.778 Bartlett 球形检验 Sig. = 0.000 Cumulative of Variance = 72.482（%）		Cronbach's α = 0.852	

注：If α 为 Cronbach's Alpha if Item Deleted（删除该题项后的 Cronbach's α）系数的缩写。

3. 代工企业品牌力

代工企业品牌力的因子分析和信度检验结果如表 5-10 所示，Bartlett 统计值显著，KMO 为 0.817，大于 0.7 的接受值标准，可以认为适合做探索性因子分析。

表 5-10　代工企业品牌力的信度和因子分析结果

题项	因子载荷	If α	预测试结果
BC01	0.876	0.755	接受
BC03	0.813	0.792	接受
BC06	0.794	0.715	接受
KMO = 0.817 Bartlett 球形度检验 Sig. = 0.000 Cumulative of Variance = 75.861%		Cronbach's α = 0.864	

注：If α 为 Cronbach's Alpha if Item Deleted（删除该题项后的 Cronbach's α）系数的缩写。

表 5-10 中数值表明，代工企业品牌力经因子分析后提取一个公因子，其累计方差贡献率为 75.861%，各题项的因子载荷值介于 0.794 ~ 0.876，均大于 0.5 的标准，可以认为该量表具有较高的结构效度。

表 5-10 中用来衡量代工企业品牌力的 3 个题项的 Cronbach's α 系数为 0.864，大于 0.7 的标准，可以认为该测量题项具有较高的可靠性。

4. 代工企业信任关系

代工企业信任关系的因子分析和信度检验结果如表 5-11 所示，Bartlett 统计值显著，KMO 为 0.764，大于 0.7 的测试标准，因此认为适合进一步做探索性因子分析。

表 5-11　代工企业信任关系的信度和因子分析结果

题项	因子载荷	If α	预测试结果
TR01	0.849	0.759	接受
TR02	0.771	0.784	接受
TR03	0.728	0.826	接受
TR04	0.751	0.829	
KMO = 0.764 Bartlett 球形检验 Sig. = 0.000 Cumulative of Variance = 62.341（%）		Cronbach's α = 0.847	

注：If α 为 Cronbach's Alpha if Item Deleted（删除该题项后的 Cronbach's α）系数的缩写。

表 5-11 中代工企业信任关系经因子分析后提取一个公因子，其累计方差贡献率为 62.341%，各题项的因子载荷值介于 0.728~0.849，均大于0.5 的标准，显示出该测试量表具有较高的结构效度。

表 5-11 中用来代表代工企业信任关系的 4 个题项的 Cronbach's α 系数为 0.847，大于 0.7，符合测量题项具有较高的可靠性要求。

5. 代工企业制度环境

代工企业制度环境的因子分析和信度检验结果如表 5-12 所示，Bart-lett 统计值显著，KMO 为 0.872 且大于 0.7，可以进一步做探索性因子分析。

表 5-12 代工企业制度环境的信度和因子分析结果

题项	因子载荷	If α	预测试结果
IE02	0.816	0.812	接受
IE04	0.851	0.754	接受
IE09	0.837	0.875	接受
IE010	0.821	0.851	接受
IE011	0.826		接受
KMO=0.872 Bartlett 球形检验 Sig.=0.000 Cumulative of Variance=68.832（%）		Cronbach's α=0.878	

注：If α 为 Cronbach's Alpha if Item Deleted（删除该题项后的 Cronbach's α）系数的缩写。

表 5-12 中的代工企业制度环境经因子分析后提取一个公因子，其累计方差贡献率为 68.832%，各题项的因子载荷值介于 0.816~0.851，均大于 0.5 的标准，判定该量表具有较高的结构效度。

表 5-12 中用来衡量代工企业制度环境的 5 个题项的 Cronbach's α 系数为 0.878，大于 0.7 的可接受标准，表明该量表的测量题项具有较高的可靠性。

6. 代工企业核心能力

代工企业核心能力的因子分析和信度检验结果如表 5-13 所示，Bartlett 统计值显著，KMO 为 0.836 且大于 0.7 的接受标准，可以做探索性因子分析。

表 5-13　代工企业核心能力的信度和因子分析结果

题项	因子载荷	If α	预测试结果
CC01	0.812	0.872	接受
CC02	0.783	0.798	接受
CC03	0.761	0.832	接受
CC04	0.835	0.842	接受
CC07	0.869	0.757	接受
KMO = 0.836 Bartlett 球形检验 Sig. = 0.000 Cumulative of Variance = 66.837 （%）		Cronbach's α = 0.852	

注：If α 为 Cronbach's Alpha if Item Deleted （删除该题项后的 Cronbach's α） 系数的缩写。

表 5-13 中的代工企业核心能力经因子分析后提取一个公因子，该因子累计方差贡献率达到 66.837%，各题项的因子载荷值介于 0.761~0.869，均大于 0.5 的标准，认为该量表具有较高的结构效度。

表 5-13 中用来衡量代工企业核心能力的 5 个题项的 Cronbach's α 系数为 0.852，大于 0.7 的可接受标准，表明该量表的测量题项具有较高的可靠性。

7. 代工企业功能升级

代工企业功能升级的因子分析和信度检验结果如表 5-14 所示，Bartlett 统计值显著，KMO 为 0.749，大于 0.7 的标准，可以做探索性因子分析。

表 5-14　代工企业功能升级的信度和因子分析结果

题项	因子载荷	If α	预测试结果
FU02	0.863	0.882	接受
FU04	0.822	0.891	接受

续表

题项	因子载荷	If α	预测试结果
FU05	0.884	0.863	接受
FU09	0.952	0.821	接受
KMO = 0.749 Bartlett 球形检验 Sig. = 0.000 Cumulative of Variance = 78.356（%）		Cronbach's α = 0.894	

注：If α 为 Cronbach's Alpha if Item Deleted（删除该题项后的 Cronbach's α）系数的缩写。

表 5-14 中代工企业功能升级经因子分析后提取一个公因子，该因子的累计方差贡献率为 78.356%，各题项的因子载荷值介于 0.822~0.952，均大于 0.5 的标准，因此认定该量表具有较高的结构效度。

表 5-14 中用来衡量代工企业功能升级的 4 个题项的 Cronbach's α 系数为 0.894，且大于 0.7 的标准，认为该测量题项具有较高的可靠性。

（四）大样本的检验

1. 大样本的问卷调查

问卷的收集途径主要有以下几种：一是通过政府机关对辖区的代工企业发放调查问卷共 200 份，回收 183 份；二是通过企业培训机会进行现场发放问卷 60 份，回收 57 份；三是通过朋友关系通过问卷星的方式收回电子问卷 82 份，最终回收问卷数 322 份。接下来对收回的问卷进行内容形式检验，删除问卷中信息填写不规范、不完整，企业类型不符合，如单纯贸易类的企业，共有 30 份问卷不符合要求，最终本书的有效问卷数 292 份，回收问卷合格率 90.68%。

2. 大样本的描述性统计分析

以 292 份有效问卷为调查对象，对本书研究样本进行描述统计分析，具体分布情况如下：苏州地区样本数 64 份，惠州地区 132 份，东莞地区 96 份，如表 5-15 所示。

表5-15　调查样本企业所在地区的分布情况

所在地区	调查样本数量	所占百分比（%）
苏州	64	21.9
惠州	132	45.2
东莞	96	32.9
合计	292	100

292份问卷中，劳动密集型的企业占81.8%，资本密集型的企业占10.3%，技术密集型的企业占6.2%，其他占1.7%，如表5-16所示。

表5-16　样本企业基本特征的分布情况（N=292）

企业分类	样本数	百分比（%）
劳动密集型行业	239	81.8
资本密集型行业	30	10.3
技术密集型行业	18	6.2
其他	5	1.7
合计	292	100

从调查企业的所有权状况来看，国有企业21家，中外合资或外商投资企业18家，民营企业246家，占了大部分，其他企业7家，如表5-17所示。

表5-17　样本企业所有权分布情况（N=292）

企业分类	样本数	百分比（%）
国有企业	21	7.2
中外合资或外商投资	18	6.2
民营企业	246	84.2
其他	7	2.4
合计	292	100

从调查企业的现有员工人数情况来看，50 人以内有 5 家企业，51 ~ 500 人有 109 家企业，501 ~ 1000 人有 45 家企业，5001 人以上有 69 家企业，如表 5-18 所示。

表 5-18 样本企业现有员工人数分布情况 （N = 292）

企业分类	样本数	百分比（%）
50 人以内	5	1.7
51 ~ 500 人	109	37.3
501 ~ 1000 人	45	15.3
1001 ~ 5000 人	64	22.0
5001 人以上	69	23.7
合计	292	100

从调查企业的成立年限看，5 年以内有 18 家，6 ~ 10 年有 169 家，11 ~ 20 年有 103 家，21 ~ 50 年有 2 家，如表 5-19 所示。

表 5-19 样本企业成立年限分布情况 （N = 292）

企业分类	样本数	百分比（%）
5 年以内	18	6.2
6 ~ 10 年	169	58.8
11 ~ 20 年	103	35.2
21 ~ 50 年	2	0.7
51 年及以上	0	0
合计	292	100

从调查企业的研发费用占当年销售总额的比例情况来看，1% 及以下无，2% ~ 4% 有 79 家企业，5% ~ 7% 有 148 家企业，8% ~ 10% 有 59 家企业，11% 及以上有 5 家企业，如表 5-20 所示。

表 5-20　样本企业研发费占当年销售总额的比例情况（N=292）

企业分类	样本数	百分比（%）
1%及以下	0	0
2%~4%	79	27.1
5%~7%	148	50.8
8%~10%	59	20.3
11%及以上	5	1.7
合计	292	100

从调查企业所拥有产品品牌的数量情况，有一个产品品牌的 10 家企业，2~3 个产品品牌的有 15 家企业，有 4 个以上产品品牌的有 267 家企业，如表 5-21 所示。

表 5-21　样本企业拥有产品品牌的数量情况（N=292）

企业分类	样本数	百分比（%）
无	0	0
1 个	10	3.4
2~3 个	15	5.1
4 个以上	267	91.5
合计	292	100

3. 变量的信度检验

调查问卷的结果受到被调研对象的认知、理解、知识水平及问卷内容自身设计等因素的影响，在样本数据统计分析前，首先对调查问卷获得的一手资料进行可靠性和准确性检测，本书运用 SPSS19.0 对问卷进行信度检验和效度检验。

常用的信度指标有稳定性（Stability）、等值性（Equivalence）和内部一致性（Intenal Consistency），本书选取 Cronbach's α 系数作为衡量量表内部一致性的指标，α 系数取值一般大于 0.7 是可接受的，CR 大于 0.6 即表示该测量具有可接受的信度，本书选择的标准为 α 大于 0.5。

信度检验结果如表 5-22 所示，可以看到，自变量、中介变量、调节变量和因变量之间具有较高的内部结构一致性，量表内容设计符合信度要求。题项—总体相关系数均大于 0.5，其他变量的 Cronbach's α 系数均大于 0.9，均通过了信度检验。

表 5-22　测量工具的信度分析结果（N=292）

变量类型	题项（简写）	题项—总体相关系数	删除该题项后的 Cronbach's α 系数	Cronbach's α 系数
自变量—技术力	TC05 相关专利联盟组织	0.771	0.902	0.914
	TC07 领先推出新产品	0.663	0.908	
	TC09 互补性资源	0.679	0.907	
自变量—市场力	MC01 市场研究能力	0.818	0.929	0.942
	MC06 渠道领导的地位	0.838	0.928	
	MC07 市场份额较大	0.844	0.928	
自变量—品牌力	BC01 品牌声誉高	0.851	0.896	0.918
	BC03 溢价支付意愿	0.787	0.898	
	BC06 产品大类中的领导者	0.765	0.901	
调节变量—信任关系	TR01 信任关系和合作机制	0.816	0.895	0.916
	TR02 交流信息和资源	0.871	0.888	
	TR03 开展合作项目	0.816	0.895	
	TR04 共享信息和资源	0.887	0.886	
调节变量—制度环境	IE02 简化程序	0.791	0.921	0.942
	IE04 产品市场的发育程度	0.793	0.922	
	IE09 技术标准	0.782	0.920	
	IE10 培育创新文化	0.721	0.923	
	IE11 法律系统的履行	0.703	0.925	
中介变量—核心能力	CC01 成熟的核心能力	0.885	0.946	0.958
	CC02 核心能力逐渐增强	0.948	0.942	
	CC03 员工了解核心能力	0.839	0.950	
	CC04 核心能力处于领先	0.882	0.947	
	CC07 元件能力	0.855	0.949	

续表

变量类型	题项（简写）	题项—总体相关系数	删除该题项后的Cronbach's α 系数	Cronbach's α 系数
功能升级	FU02 产品研发的技术	0.661	0.946	0.948
	FU04 新产品的开发	0.851	0.937	
	FU05 产品开发和设计能力	0.804	0.940	
	FU09 终端市场有的影响力	0.765	0.941	
	FU03 拥有自身的核心技术	0.830	0.939	

4. 变量的效度检验

效度是指所获得一手测量数据的正确程度，一般分为内容效度、效标效度以及建构效度（包括收敛效度和区别效度）。内容效度又称表面效度或逻辑效度，用来检验测量工具是否涵盖了所要测量的某一观念的所有项目。内容效度一般认为属于非统计分析层面，依赖于调查问卷的逻辑处理能力，是一种定性的判定。效标效度指同一观念的多重测量。建构效度检验包括收敛效度检验和区别效度检验，是检验测量工具所能够测量理论的概念或特质的程度，测量建构效度必须以理论观点或概念架构为基础，然后进行测量与分析。本书将采用探索性因子分析（EFA）测量区别效度以确保不同测量变量之间的差异性和排他性（荣泰生，2005）。

（1）内容效度检验。本书的调查问卷设计在综合前人研究成果基础上，再结合实践基础构建概念模型，潜变量的定义及变量的测量题项来源于公开的文献，且征询专业领域的专家、学者进行初始审核，然后对问卷进行预测试，各测量工具符合基本要求后，发放正式调查问卷进行调研，通过前面的综合性分析，认定本书的测量工具符合内容效度、效标效度的要求。

（2）收敛效度检验。利用验证性因子分析法计算变量系数，首先确定各观测变量的信度，即验证性因子分析结果中的观测变量的标准化系数的平方值（变异比率 R^2），然后根据公式（5-1）计算一阶潜变量的组合信度系数（黄芳铭，2005；邱皓政和林碧芳，2009）。

$$CR = \frac{(\sum \lambda_i)^2}{(\sum \lambda_i)^2 \sum \varepsilon_j}\qquad(5-1)$$

式中，λ 为标准化荷载，ε_j 为第 j 项的测量误差。

从表 5-23 中可以看出，观测变量的信度系数 R^2 值介于 0.557 ~ 0.931，均大于 0.50 的可接受标准，符合观测变量的信度要求，即各观测变量值符合质量要求，另外一阶潜变量的组合信度系数介于 0.773（TC）~ 0.964（CC），均达到非常好的评价标准，且大于 0.60 的可接受标准，意味着各观测变量具有比较好的一致性。

表 5-23　验证性因子分析信度和构建效度

潜变量	观测变量	标准化荷载	残差	信度		效度	
				R^2	CR	P	AVE
TC	TC05	0.793	0.215	0.672		***	
	TC07	0.701	0.236	0.642	0.773	***	0.524
	TC09	0.691	0.187	0.477		***	
MC	MC01	0.816	0.195	0.666		***	
	MC06	0.813	0.329	0.661	0.849	***	0.653
	MC07	0.794	0.267	0.630		***	
BC	BC01	0.830	0.285	0.689		***	
	BC03	0.757	0.193	0.573	0.853	***	0.659
	BC06	0.847	0.285	0.717		***	
TR	TR01	0.876	0.187	0.767		***	
	TR02	0.909	0.313	0.826	0.942	***	0.803
	TR03	0.867	0.279	0.752		***	
	TR04	0.931	0.284	0.867		***	
IE	IE02	0.746	0.275	0.557		***	
	IE04	0.856	0.314	0.733		***	
	IE09	0.819	0.337	0.671	0.910	***	0.668
	IE010	0.844	0.198	0.712		***	
	IE011	0.818	0.281	0.669		***	

潜变量	观测变量	标准化荷载	残差	信度		效度	
				R^2	CR	P	AVE
CC	CC01	0.918	0.274	0.843		***	
	CC02	0.965	0.296	0.931		***	
	CC03	0.887	0.257	0.787	0.964	***	0.842
	CC04	0.920	0.196	0.846		***	
	CC07	0.897	0.328	0.805		***	
FU	FU02	0.916	0.301	0.839		***	
	FU04	0.853	0.252	0.728		***	
	FU05	0.841	0.185	0.707	0.935	***	0.782
	FU09	0.924	0.294	0.854		***	

平均方差抽取量（Average Variance Extrated，AVE）用来判别收敛效度，检验被潜在构念所解释的变异量源于测量误差的程度，AVE 数值越大意味着相对的测量误差越小，通常情况下，AVE 值大于 0.50，说明收敛效度较好（吴明隆，2009）。AVE 采用如下的计算公式：

$$AVE = \frac{\sum \lambda_i^2}{\sum \lambda_i^2 \sum \varepsilon_j} \tag{5-2}$$

式中，λ 为标准化荷载，ε_j 为第 j 项的测量误差。

表 5-23 中各潜变量的 AVE 值位于 0.524（TC）~0.842（CC），大于 0.50 的判别标准。可以认为，本书中的一级潜变量具有良好的收敛效果。

（3）区别效度检验。区别效度（Discriminant Validity）指研究构面的潜在内容与其他构面的潜在内容间具有显著的差异或呈现低度相关（吴明隆，2009），设置限制模型和未限制模型求两个构面间的区别效度，限制模型设定潜在构念间的共变参数为 1，未限制模型中潜在构念间的共变参数设定为自由估计参数，潜在构念间的共变参数为固定参数。利用限制模型和未限制模型进行卡方的差异比较，卡方值达到显著水平（p<0.05）且差异量大，差异量越大且达到显著水平，则表明限制模型和未限制模型有

显著的差异，其中，未限制模型的卡方值越小表示因素构面间的相关性越低，两者的区别效度越好。本书用 AMOS21 软件中的"Manage Models"检验模块两两检验自变量（技术力、市场力和品牌力）和调节变量（信任关系和制度环境）间的区别效度。

1）技术力与市场力。"技术力—市场力"的区别效度检验结果如图 5-3、图 5-4 所示。其中，限制模型的卡方值为 167.178，自由度为 9，未限制模型的卡方值为 92.186，自由度为 8。模型的运行结果显示，未限制模型的卡方值小于限制模型的卡方值，两个模型的卡方值相差比较大且差异量显著（p＝0.000），符合 p<0.05 的显著性要求。上述分析表明，未限制模型与限制模型间存在显著差异，表示"技术力—市场力"两潜变量具有较好的区别效度。

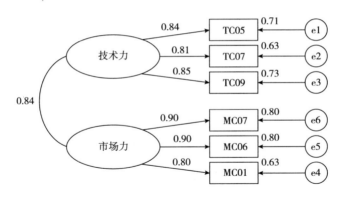

图 5-3 技术力—市场力未限制模型

2）技术力与品牌力。"技术力—品牌力"区别效度的检验结果如图 5-5、图 5-6 所示。其中，限制模型的卡方值为 107.197，自由度为 9，未限制模型的卡方值为 75.380，自由度为 8，模型的运行结果显示，未限制模型的卡方值小于限制模型的卡方值，两个模型的卡方值相差比较大且差异量显著（p＝0.000），符合 p<0.05 的显著性要求。上述分析表明，未限制模型与限制模型间存在显著差异，表示"技术力—品牌力"两潜变量具有较好的区别效度。

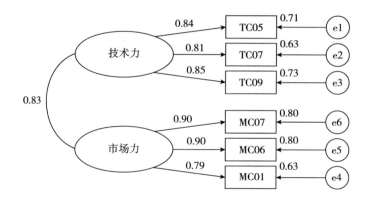

图 5-4　技术力—市场力限制模型

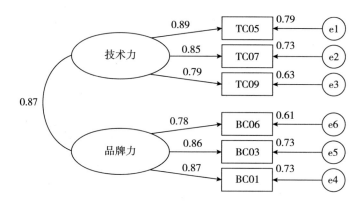

图 5-5　技术力—品牌力未限制模型

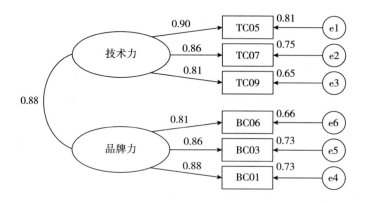

图 5-6　技术力—品牌力限制模型

3）品牌力与市场力。"品牌力—市场力"区别效度的检验结果如图 5-7、图 5-8 所示。其中，限制模型的卡方值为 101.782，自由度为 9，未限制模型的卡方值为 30.401，自由度为 8，模型的运行结果显示，未限制模型的卡方值小于限制模型的卡方值，两个模型的卡方值相差比较大且差异量显著（p=0.000），符合 p<0.05 的显著性要求。上述分析表明，未限制模型与限制模型间存在显著差异，表示"品牌力—市场力"两潜变量具有较好的区别效度。

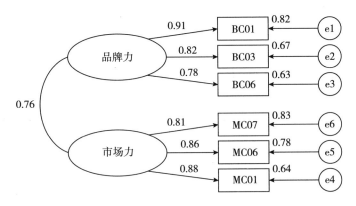

图 5-7　品牌力—市场力未限制模型

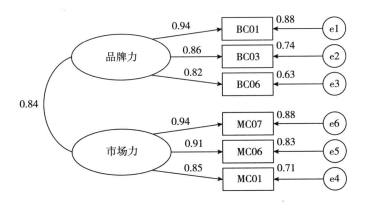

图 5-8　品牌力—市场力限制模型

4）信任关系—制度环境。"信任关系—制度环境"区别效度的检验结果如图 5-9、图 5-10 所示。其中，限制模型的卡方值为 363.496，自由度为 27，未限制模型的卡方值为 187.385，自由度为 26，模型的运行结果显示，未限制模型的卡方值小于限制模型的卡方值，两个模型的卡方值相差比较大且差异量显著（p=0.000），符合 p<0.05 的显著性要求。上述分析表明，未限制模型与限制模型间存在显著差异，表示"信任关系—制度环境"两潜变量具有较好的区别效度。

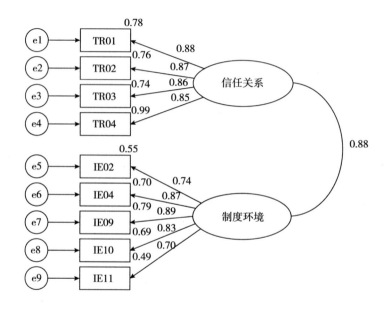

图 5-9　信任关系—制度环境未限制模型

（4）探索性因子分析。

1）代工企业升级推动力的维度结构探索性因子分析。本书对 292 个样本中构建推动力的三个维度：技术力、市场力和品牌力进行了 KMO 值 Bartlert 检验。KMO 为 0.777，Bartlett 统计值显著，适合进行探索性因子分析，累计解释方差贡献率为 80.091%。

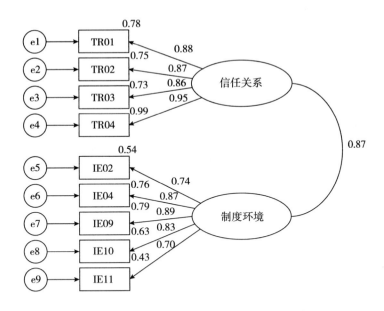

图 5-10 信任关系—制度环境限制模型

本书选择每个维度因子根据因子载荷系数及文献研究较重要的因子，利用主成分分析法提取公因子，并基于特征值大于 1 的抽取原则，最大因子载荷大于 0.5 的要求，采用最大方差法旋转。表 5-24 是对自变量推动力的探索性因子分析的结果，自变量推动力最大收敛性迭代次数为 10次，9 个题项析出 3 个因子，最小因子载荷为 0.691，说明所提取的因子具有较好的聚合效度。累计解释方差贡献率为 77.812%，KMO 为 0.882，Bartlett 统计值显著，说明代工企业推动力结构的效度较好。

表 5-24 代工企业推动力维度结构的探索因子分析的旋转成分矩阵 （N=292）

	因子载荷		
	因子 1	因子 2	因子 3
TC05 相关专利联盟组织	0.756	0.489	0.439
TC07 领先推出新产品	0.801	0.234	0.300
TC09 互补性资源	0.691	0.312	0.296

续表

	因子载荷		
	因子 1	因子 2	因子 3
MC01 市场研究能力	0.356	0.816	0.186
MC06 渠道领导的地位	0.454	0.813	0.023
MC07 市场份额较大	0.215	0.794	0.047
BC01 品牌声誉高	0.484	0.371	0.830
BC03 溢价支付意愿	0.217	0.322	0.757
BC06 产品大类中的领导者	0.193	0.409	0.847

提取方法：主成分分析法、旋转法：具有 Kaise 标准化的正交旋转法。在 10 次迭代后收敛。

2）信任关系、制度环境的探索性因子分析。本书对 292 个样本的信任关系维度、制度环境进行了探索性因子分析。根据特征根大于 1，最大因子载荷大于 0.5 的要求，9 个题项提取出了 2 个因子，其累计解释方差贡献率为 67.370%，KMO 的值为 0.868，Bartlett 统计值显著，说明信任关系维度效度较好，分析结果如表 5-25 所示。

表 5-25 代工企业信任关系、制度环境的探索因子分析的旋转成分矩阵 （N＝292）

	因子载荷	
	因子 1	因子 2
TR01 信任关系和合作机制	0.876	0.489
TR02 交流信息和资源	0.909	0.234
TR03 开展合作项目	0.867	0.312
TR04 共享信息和资源	0.931	0.115
IE02 简化程序	0.447	0.746
IE04 产品市场的发育程度	0.255	0.856
IE09 技术标准	0.283	0.819
IE10 培育创新文化	0.176	0.844
IE11 法律系统的履行	0.159	0.818

提取方法：主成分分析法，旋转法：具有 Kaise 标准化的正交旋转法。在 10 次迭代后收敛。

3）核心能力的探索性因子分析。本书对 292 个样本的核心能力维度进行了探索性因子分析。根据特征根大于 1，最大因子载荷大于 0.5 的要求，5 个题项提取出了一个因子，其累计解释方差贡献率为 80.263%，KMO 的值为 0.875，Bartlett 统计值显著，说明信任关系维度效度较好，分析结果如表 5-26 所示。

表 5-26 代工企业核心能力的探索因子分析的旋转成分矩阵 （N=292）

	因子载荷
	因子 1
CC01 成熟的核心能力	0.918
CC02 核心能力逐渐增强	0.965
CC03 员工了解核心能力	0.887
CC04 核心能力处于领先	0.920
CC07 元件能力	0.897

4）代工企业功能升级的探索性因子分析。本书对 292 个样本的功能升级维度的 4 个相关题项进行了探索性因子分析。提取出了技术功能和品牌营销功能 2 个因子，其累计解释方差贡献率为 78.865%，KMO 的值为 0.895，Bartlett 统计值显著性，说明信任关系维度效度较好，分析结果如表 5-27 所示。

表 5-27 代工企业功能升级的探索因子分析的旋转成分矩阵 （N=292）

	因子载荷	
	因子 1	因子 2
FU02 产品研发的技术	0.113	0.916
FU04 新产品的开发	0.853	0.394
FU05 产品开发和设计能力	0.841	0.352
FU09 终端市场有影响力	0.924	0.223

5. 验证性因子分析

本部分将对 292 份问卷中的所有变量进行验证性因子分析，检验变量的因子结构与本书构思的符合程度。

验证性因子分析法可以对测量模型的适配性进行检验（Raykov，1998）。适配度是评价假设的路径分析模型图与统计数据是否相互适配，可以同时对个别条款的信度、变量整体的结构信度以及一个变量若干维度间的区分效度进行验证。

用以表征模型拟合特性的指标包括：

（1）χ^2/df：χ^2 是一种差性适配指标。当显著性水平大于 0.05 时，可认为假设模型和观测数据拟合较好。因此，很多学者建议采用 χ^2/df 指标，即卡方和自由度的比值，以降低样本规模对检验结果的影响。对于 χ^2/df 的临界判定值，学者判定标准不统一：Medsker 等（1994）认为，可以小于 3，也有人认为只有不超过 5 即可（侯杰泰等，2004）。

（2）拟合集成度指数（Goodness-of-Fit Index，GFI）和调整拟合优度指数（Adjuested Goodness-of-Fit Index，AGFI）：GFI 是一种非统计变量，可用于反映模型整体的适配程度（吴明隆，2009）；其取值范围为 0~1，0 代表最差适配，1 代表完美适配。GFI 同样受样本规模的影响，可利用自由度、观察变量的个数和待估计参数的个数对其进行调整，得到的即为 AGFI（吴明隆，2009）。GFI 和 AGFI 的值超过 0.9，说明模型拟合良好，但在一些开拓性研究中或是模型较为复杂的情况下，拟合指数大于 0.85 也是可以接受的。作为一种非统计变量及其衍生物，GFI 和 AGFI 对总体渐进值的估计实际上是有偏的。

（3）规范拟合指数（Normed Fit Index，NFI）、修正拟合指数（Incremental Fit Index，IFI）和比较拟合指数（Comparative Fit Index，CFI）：NFI 是由 Bentler 和 Bonett（1980）提出的一种相对拟合指数，考察相对于基准模型理论模型的卡方减少比例。由于 NFI 没有控制自由度且容易受样本规模的影响，学者又提出了它的修正指数 IFI；CFI 则进一步克服了 NFI 在嵌套模型上的缺失，对模型适配性的估计表现相当好（吴明隆，2009）。

NFI、IFI 和 CFI 的取值都在 0 ~ 1，一般超过 0.9 就意味着拟合良好，可以接受。

（4）近似误差均方根（Root Mean Square Error of Approximation，RMSEA）：是一个不需要基准模型的绝对性指标，主要依赖于母体的近似误差进行估计。RMSEA 小于等于 0.05，表示良好的适配；0.05 ~ 0.08 表示"不错的适配"；0.08 ~ 0.10 属于"中度适配"；大于 0.10 则"不良适配"（Raykov，1998；侯杰泰等，2004）

Boggzzi 和 Yi（1988）提出要综合参考三个方面指标：基本适配度指标；整体模型适配度指标；模型内在结构适配度指标。常用的绝对指标如 χ^2 卡方值、χ^2/df 卡方对自由度（df）的比值、RMR（均方根残差）、GFI（良适性适配指标值）、AGFI（调整良适性适配指标值）；相对指标如 TLI 值、NFI 值、IFI 值、RNI 值、CFI 值等；调整指标如 PGFI 值、PNFI 值、PNFIZ 值等。综上所述，将整体模型适配度的评价指标和评价标准整理如表 5-28 所示。

表 5-28　本书整体模型适配度的评价指标及评价标准

统计检验量	指标内涵	适配的标准或临界值
χ^2	值越小，表明整体模型的因果路径图与实际资料越适配，越一致	显著性概率值 p > 0.05（未达到显著水平）
χ^2/df	考虑到参数及样本数量，反映模型适配度是不契合的指标。表示假设模型的协方差矩阵与观察数据是否适配	$\chi^2/df < 5$ 通过验收 $1 < \chi^2/df < 3$ 适配最佳 $\chi^2/df < 1$ 过度适配
RMSEA	近似误差均方根。意义是每个自由度的平均 Σ 与 Σ（θ）间的差异值。通常被视为最重要的适配指标信息	≤0.1（通过验收）≤0.08（适配合理）≤0.05（适配良好）
TLI	非规准适配指数。比较模型对虚无模型之间的适配程度	≥0.90 越接近，表示适配越佳

统计检验量	指标内涵	适配的标准或临界值
CFI	测量从最限制模型到最饱和模型时,非集中参数的改善情况,以非集中参数的卡方分布及其非集中参数定义	≥0.90 越接近,表示适配越佳
NFI	规范拟合指数	≥0.9
IFI	增值拟合优度指数	≥0.9
GFI	拟合优度指数	≥0.9
AGFI	调整拟合优度指数	≥0.8
PGFI	简约拟合优度指数	≥0.5

资料来源:根据相关研究文献整理而得。

借鉴温忠麟等(2004)的研究,本书将综合运用绝对指标与相对指数进行模型评价,主要选取 χ^2/df、RMSEA、TLI 和 CFI 等 10 个广泛认可及运用的指标作为模型评价的适配指数。本书拟采用的适配度检验指标体系及相关建议判定值如表 5-29 所示。

表 5-29 本书拟采用的适配度检验指标体系及相关建议判定值

指标	取值范围	建议值
χ^2/df	>0	<5,<3 更佳
GFI	0~1,可能<0	>0.9,>0.85 亦可接受
AGFI	0~1,可能<0	>0.9,>0.85 亦可接受
NFI	0~1	>0.9
IFI	>0,多在 0~1	>0.9
CFI	0~1	>0.9
RMSEA	>0	<0.10,<0.05 更佳

资料来源:根据相关研究文献整理而得。

(1)代工企业推动力的维度结构验证性因子分析。本书对 292 个样本的技术力、市场力和品牌力三个维度的题项进行信度分析,分析结果如表

5-30 所示。

表 5-30 代工企业推动力维度结构的信度分析结果（N=292）

变量类型	题项（简写）	题项—总体相关系数	删除该题项后的 Cronbach's α 系数	Cronbach's α 系数
自变量—技术力	TC05 相关专利联盟组织	0.827	0.760	
	TC07 领先推出新产品	0.771	0.820	0.877
	TC09 互补性资源	0.695	0.881	
自变量—市场力	MC01 市场研究能力	0.732	0.899	
	MC06 渠道领导的地位	0.780	0.846	0.894
	MC07 市场份额较大	0.854	0.784	
自变量—品牌力	BC01 品牌声誉高	0.803	0.770	
	BC03 溢价支付意愿	0.754	0.811	0.872
	BC06 产品大类中的领导者	0.699	0.845	

表 5-30 的信度分析结果表明，所有题项—总体相关系数均大于 0.60，技术力整体 Cronbach's α 的系数为 0.877，市场力整体 Cronbach's α 的系数为 0.894，品牌力整体 Cronbach's α 的系数为 0.872，均大于 0.80，说明代工企业推动力的技术力、市场力、品牌力维度各变量题项之间具有良好的一致性。

接下来用 AMOS21.0 软件进一步对代工企业推动力的维度结构进行验证性因子分析，分析结果如表 5-31 所示。

表 5-31 代工企业推动力维度结构的验证性因子分析结果（N=292）

路径			Estimate	S. E.	C. R.	P	Label
TC09 互补性资源	<---	市场力	1.000				
TC07 领先推出新产品	<---	市场力	0.730	0.107	6.839	***	par_4
TC05 相关专利联盟组织	<---	市场力	0.874	0.124	7.055	***	par_5
MC01 市场研究能力	<---	品牌力	1.000				

续表

路径			Estimate	S. E.	C. R.	P	Label
MC06 渠道领导的地位	<---	品牌力	0.924	0.122	7.582	***	par_6
MC07 市场份额较大	<---	品牌力	0.816	0.103	7.933	***	par_7
BC06 产品大类中的领导者	<---	技术力	1.000				
BC03 溢价支付意愿	<---	技术力	1.234	0.182	6.787	***	par_8
BC01 品牌声誉高	<---	技术力	1.014	0.136	7.460	***	par_9

指标	χ^2	df	χ^2/df	P	GFI	NFI	TLI	CFI	RMSEA
Model1	57.032	24	2.376	0.000	0.831	0.874	0.881	0.920	0.154
Model2	26.361	22	1.198	0.000	0.910	0.942	0.983	0.989	0.058

注：*** 表示显著性水平 P<0.001。

代工企业技术力、市场力和品牌力的验证性因子分析结果显示：初始模型 Model1 的拟合指标不是很理想。χ^2/df 为 2.376，为小于可接受值 5；GFI 为 0.831、NFI 为 0.874、TLI 为 0.881，均都小于可接受水平 0.9，CFI 为 0.920，大于可接受水平 0.9；RMSEA 为 0.154，大于可接受水平 0.08。

根据 MI 修正指数，发现 e_1 和 e_2 相关（e_1 和 e_2 分别对应 TC05 和 TC07 题项），它们对应的题项内容分别是"贵公司组建或加入了相关专利联盟组织""贵公司常常在行业内领先推出新产品、服务"，二者内容虽然从表述上不相近，但都属于知识创新范畴，因而具有相关性；发现 e_4 和 e_5 相关（e_4 和 e_5 分别对应 MC01 和 MC06 题项），它们对应的题项内容分别是"贵企业具有领先于竞争对手的市场研究能力""贵企业居于渠道领导地位"，二者内容虽然从表述上不相近，但都属于领导力范畴，因而具有相关性。然后对模型再次进行验证，Model2 结果显示，χ^2/df 为 1.198，为小于可接受值 5；GFI 为 0.910、NFI 为 0.942、TLI 为 0.983、CFI 为 0.989，均都接近于可接受水平 0.9；RMSEA 为 0.058，大于可接受水平 0.08。表 5-31 中代工企业推动力的拟合结果表明，各项指标均通过了相关验证，可见模型拟合效果很好。

据此，代工企业推动力因子结构得到验证，其具体结构如图 5-11 所示。其中，各题项的因素载荷均在 0.60 以上。

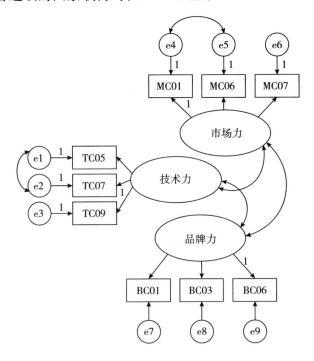

图 5-11　代工企业推动力验证性因子结构

（2）代工企业信任关系的验证性因子分析。本书对 292 个样本的信任关系的题项进行信度分析，分析结果如表 5-32 所示，发现各题项间具有良好的一致性。

表 5-32　代工企业信任关系的信度分析结果（N=292）

变量类型	题项（简写）	题项—总体相关系数	删除该题项后的 Cronbach's α 系数	Cronbach's α 系数
信任关系	TR01 信任关系和合作机制	0.836	0.926	0.939
	TR02 交流信息和资源	0.842	0.922	
	TR03 开展合作项目	0.848	0.918	
	TR04 共享信息和资源	0.895	0.903	

表5-32中，所有题项—总体相关系数均大于0.5，信任关系的整体Cronbach's α的系数为0.939，均大于0.80，说明代工企业信任关系题项之间具有良好的一致性。

接下来用AMOS21.0软件进一步对代工企业信任关系进行验证性因子分析，分析结果见表5-33。

表5-33 代工企业信任关系的验证性因子分析结果（N=292）

路径			Estimate	S. E.	C. R.	P	Label
TR02 交流信息和资源	<---	信任关系	1.000				
TR01 信任关系和合作机制	<---	信任关系	0.855	0.097	8.783	***	
TR03 开展合作项目	<---	信任关系	0.948	0.094	10.094	***	
TR04 共享信息和资源	<---	信任关系	1.115	0.115	9.661	***	

指标	χ^2	df	χ^2/df	P	GFI	NFI	TLI	CFI	RMSEA
Model3	9.541	2	4.770	0.000	0.923	0.957	0.894	0.965	0.255
Model4	0.924	1	0.924	0.000	0.992	0.996	1.002	1.000	0.000

注：*** 表示显著性水平 $P<0.001$。

Model3结果显示，χ^2/df 为4.770，为小于可接受值5；GFI为0.923、NFI为0.957、TLI为0.894、CFI为0.965，均都大于可接受水平0.9；RMSEA为0.255，小于可接受水平0.08。

根据MI修正指数，发现 e_1 和 e_4 相关（e_1 和 e_4 分别对应TR02和TR03题项），它们对应的题项内容分别是"企业与合作者之间经常交流信息和资源""与合作者之间经常开展合作项目，解决关键问题"，二者内容从表述上相近，因而具有相关性。然后对模型再次进行验证，Model4结果显示，χ^2/df 为0.924，为小于可接受值5；GFI为0.992、NFI为0.996、TLI为1.002、CFI为1.000，均都接近于可接受水平0.9；RMSEA为0.000，小于可接受水平0.08。表5-33中代工企业信任关系的拟合结果表明，各项指标均通过了相关验证，可见模型拟合效果很好。

据此，代工企业信任关系因子结构得到验证，其具体结构如5-12所示。其中，各题项的因素载荷均在 0.60 上。

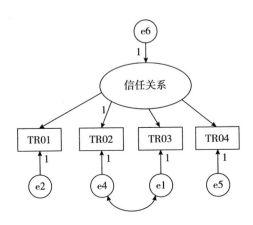

图 5-12 代工企业信任关系验证性因子结构

（3）代工企业制度环境的验证性因子分析。本书对 292 个样本的制度环境的题项进行信度分析，分析结果如表 5-34 所示，发现各题项间具有良好的一致性。

表 5-34 代工企业制度环境的信度分析结果（N=292）

变量类型	题项（简写）	题项—总体相关系数	删除该题项后的 Cronbach's α 系数	Cronbach's α 系数
制度环境	IE02 简化程序	0.724	0.890	0.906
	IE04 产品市场的发育程度	0.815	0.873	
	IE09 技术标准	0.815	0.871	
	IE10 培育创新文化	0.799	0.876	
	IE11 法律系统的履行	0.679	0.899	

表 5-34 中，所有题项—总体相关其他值均大于 0.6，制度环境整体的 Cronbach's α 的系数为 0.906，均大于 0.80，说明代工企业制度环境题项之间具有良好的一致性。

接下来用 AMOS21.0 软件进一步对代工企业制度环境进行验证性因子分析，分析结果如表 5-35 所示。

表 5-35　代工企业制度环境的验证性因子分析结果（N=292）

路径			Estimate	S. E.	C. R.	P	Label
IE04 产品市场的发育程度		制度环境	1.000				
IE02 简化程序		制度环境	0.893	0.125	7.120	***	
IE09 技术标准		制度环境	1.154	0.148	7.783	***	
IE10 培育创新文化		制度环境	1.155	0.159	7.268	***	
IE11 法律系统的履行		制度环境	0.797	0.120	6.628	***	
指标	χ^2	df	χ^2/df	P	GFI	NFI	TLI	CFI	RMSEA
Model5	8.152	5	1.630	0.000	0.950	0.957	0.965	0.983	0.104
Model6	5.197	4	1.299	0.000	0.967	0.973	0.983	0.993	0.072

注：*** 表示显著性水平 P<0.001。

Model5 结果显示，χ^2/df 为 1.630，为小于可接受值 5；GFI 为 0.950、NFI 为 0.957、TLI 为 0.965、CFI 为 0.983，均都接近于可接受水平 0.9；RMSEA 为 0.104，大于可接受水平 0.08。

根据 MI 修正指数，发现 e_1 和 e_5 相关（e_1 和 e_5 分别对应 IE0902 和 IE10 题项），它们对应的题项内容分别是"制定符合本国创新标准并与国际接轨的技术标准""培育创新文化，形成支持创新创业的社会氛围"，二者内容虽然从表述上不相近，但都属于技术创新范畴，因而具有相关性。然后对模型再次进行验证，Model6 结果显示，χ^2/df 为 1.299，为小于可接受值 5；GFI 为 0.967、NFI 为 0.973、TLI 为 0.983、CFI 为 0.993，均都接近于可接受水平 0.9；RMSEA 为 0.072，小于可接受水平 0.08。

表 5-35 中，各项指标均通过了相关验证，可见模型拟合效果很好。据此，代工企业制度环境因子结构得到验证，其具体结构如图 5-13 所示。其中，各题项的因素载荷均在 0.60 以上。

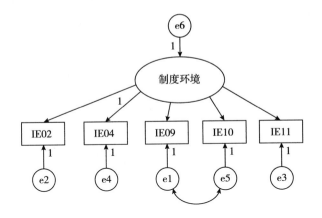

图 5-13　代工企业制度环境验证性因子结构

（4）代工企业核心能力的验证性因子分析。本书对 292 个样本的核心能力的题项进行信度分析，分析结果如表 5-36 所示，发现各题项间具有良好的一致性。

表 5-36　代工企业核心能力的信度分析结果（N = 292）

变量类型	题项（简写）	题项—总体相关系数	删除该题项后的Cronbach's α 系数	Cronbach's α 系数
核心能力	CC01 成熟的核心能力	0.896	0.942	0.958
	CC02 核心能力逐渐增强	0.952	0.934	
	CC03 员工了解核心能力	0.859	0.949	
	CC04 核心能力处于领先	0.898	0.942	
	CC07 元件能力	0.795	0.960	

表 5-36 中，所有题项—总体相关系数均大于 0.5，核心能力的整体 Cronbach's α 的系数为 0.958，均大于 0.80，说明代工企业核心能力题项之间具有良好的一致性。

接下来用 AMOS21.0 软件进一步对代工企业核心能力进行验证性因子分析，分析结果如表 5-37 所示。

表 5-37 代工企业核心能力的验证性因子分析结果 (N=292)

路径			Estimate	S. E.	C. R.	P	Label
CC02 核心能力逐渐增强	<---	核心能力	1.000				
CC01 成熟的核心能力	<---	核心能力	0.988	0.072	13.642	***	
CC03 员工了解核心能力	<---	核心能力	1.034	0.079	13.162	***	
CC04 核心能力处于领先	<---	核心能力	0.970	0.063	15.391	***	
CC07 元件能力	<---	核心能力	0.999	0.087	11.487	***	

指标	χ^2	df	χ^2/df	P	GFI	NFI	TLI	CFI	RMSEA
Model7	28.095	5	5.619	0.000	0.835	0.924	0.871	0.936	0.282
Model8	3.382	3	1.127	0.000	0.977	0.991	0.996	0.999	0.047

注：*** 表示显著性水平 $P<0.001$。

Model7 结果显示，χ^2/df 为 5.619，为大于可接受值 5；GFI 为 0.835 和 TLI 为 0.871 小于可接受值 0.90，NFI 为 0.924、CFI 为 0.936，均都大于可接受水平 0.9；RMSEA 为 0.282，接近可接受水平 0.08。

根据 MI 修正指数，发现 e_1 和 e_3 相关（e_1 和 e_3 分别对应 CC01 和 CC03 题项），它们对应的题项内容分别是"贵企业形成了成熟的核心能力""贵企业员工了解企业的核心能力，并愿意保护与强化"，二者内容从表述上有些相近，因而具有相关性；发现 e_1 和 e_3 相关（e_3 和 e_7 分别对应 CC03 和 CC07 题项），它们对应的题项内容分别是"贵企业员工了解企业的核心能力，并愿意保护与强化""贵企业具有提升核心能力的元件能力（职能能力）"，二者内容从表述上有些相似性，因而具有相关性。然后对模型再次进行验证，Model8 结果显示，模型修正的结果显示，χ^2/df 为 1.127，为小于可接受值 5；GFI 为 0.977、NFI 为 0.991、TLI 为 0.996、CFI 为 0.999，均都大于可接受水平 0.9；RMSEA 为 0.047，接近可接受水平 0.08。表 5-37 中代工企业推动力的拟合结果表明，各项指标均通过了相关验证，可见模型拟合效果很好。

据此，代工企业核心能力因子结构得到验证，其具体结构如图 5-14 所示。其中，各题项的因素载荷均在 0.60 上。

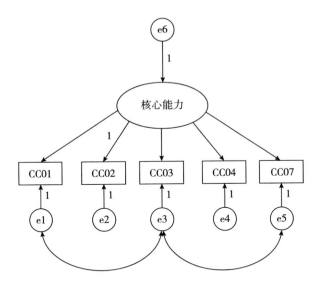

图 5-14　代工企业核心能力验证性因子结构

（5）代工企业功能升级的验证性因子分析。本书对 292 个样本的功能升级的题项进行信度分析，分析结果如表 5-38 所示，发现各题项间具有良好的一致性。

表 5-38　代工企业功能升级的信度分析结果（N=292）

变量类型	题项（简写）	题项—总体相关系数	删除该题项后的Cronbach's α 系数	Cronbach's α 系数
功能升级	FU02 产品研发的技术	0.441	0.935	0.869
	FU04 新产品的开发	0.881	0.770	
	FU05 产品开发和设计能力	0.811	0.799	
	FU09 终端市场有的影响力	0.798	0.803	

表 5-38 的信度分析结果表明，所有题项—总体相关系数均大于 0.4，功能升级的整体 Cronbach's α 的系数为 0.869，均大于 0.80，说明代工企业功能升级的题项之间具有良好的一致性。

接下来用 AMOS21.0 软件进一步对代工企业功能升级进行验证性因子分析，分析结果如表5-39所示。

表5-39 代工企业功能升级的验证性因子分析结果 （N＝292）

路径			Estimate	S. E.	C. R.	P	Label
FU09 终端市场有的影响力	<---	功能升级	1.000				
FU04 新产品的开发	<---	功能升级	0.970	0.081	12.012	＊＊＊	
FU05 产品开发和设计能力	<---	功能升级	0.886	0.090	9.868	＊＊＊	
FU02 产品研发的技术	<---	功能升级	0.465	0.122	3.825	＊＊＊	

指标	χ^2	df	χ^2/df	P	GFI	NFI	TLI	CFI	RMSEA
Model9	2.906	2	1.453	0.000	0.977	0.983	0.983	0.994	0.088

注：＊＊＊表示显著性水平 $P<0.001$。

Model9 结果显示，χ^2/df 为 1.453，为小于可接受值 5；GFI 为 0.977、NFI 为 0.983、TLI 为 0.983、CFI 为 0.994，均都接近于可接受水平 0.9；RMSEA 为 0.088，接近可接受水平 0.08。表5-39中代工企业推动力的拟合结果表明，各项指标均通过了相关验证，可见模型拟合效果很好。

据此，代工企业功能升级因子结构得到验证，其具体结构如图5-15所示。其中，各题项的因素载荷均在 0.60 上。

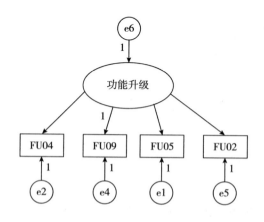

图5-15 代工企业功能升级验证性因子结构

（五）模型检验

1. 代工企业信任关系和制度环境对推动力与功能升级的调节作用检验

本书借鉴温忠麟等（2005）调节变量的分析方法，研究信任关系和制度环境对代工企业推动力与功能升级的调节作用。自变量推动力分为技术力、市场力和品牌力三种，是连续变量；因变量为代工企业功能升级，是连续变量，调节变量是信任关系和制度环境，是连续变量。当自变量和调节变量都是连续变量时，用带有乘积项的回归模型做层次回归分析。

做调节效应分析时，最常采用的调节模型为：

$$Y = aX + bM + cXM + e$$

式中，Y 为因变量，X 为自变量，M 为调节变量，c 衡量了调节效应的大小。调节效应的检验分为两个步骤：第一步，做因变量和预测变量的回归分析，自变量的回归系数显著；第二步，做因变量对自变量、调节变量及自变量与调节变量的交互项的回归分析，若 c 系数显著，且大于第一次回归分析的系数，则调节变量 M 的调节效应显著。在做调节效应前需对自变量技术力、市场力、品牌力及调节变量信任关系和制度环境做中心化处理，做好自变量与调节变量的交互项。根据已有研究，代工企业的特征会影响到代工企业功能升级，因而本书分别选定代工企业类型作为分析代工企业信任关系和制度环境在推动力与功能升级关系之间调节作用的控制变量。

本书自变量、因变量、控制变量、调节变量的描述性统计分析与变量间相关系数如表 5-40 所示。结果显示，所有变量间具有相关关系，并且全部在 P<0.05 以上的水平上显著相关，验证了前期假设的合理性。

表 5-40　代工企业推动力等各变量相关系数表（N=292）

	N	均值	标准差	1	2	3	4	5	6	7	8
行业类型	292	1.37	0.869	1							
所有权性质	292	2.42	0.563	-0.0451	1						

	N	均值	标准差	1	2	3	4	5	6	7	8
功能升级	292	60.3559	8.78824	0.236 *	-0.561 *	1					
技术力	292	0.0000	9.46429	0.369 **	-0.582 *	0.629 **	1				
市场力	292	0.0000	7.97157	-0.336 **	-0.563 *	0.694 **	0.557 **	1			
品牌力	292	-0.0301	6.68080	0.486 *	-0.649 *	0.585 **	0.560 **	0.692 **	1		
信任关系	292	0.0000	5.97790	0.389 *	-0.528 *	0.667 **	0.532 **	0.538 **	0.675 *	1	
制度环境	292	0.107	6.14380	0.567	-0.683 *	0.583 *	0.516 *	0.601 **	0.635 **	0.562 *	1

注：* 表示显著性水平 $P<0.05$（双尾检验）；** 表示显著性水平 $P<0.01$（双尾检验）。

根据前面的研究假设，相应地建立了 9 个检验模型，模型的检验结果如表 5-41 所示，再根据检验结果的 Sig. 值、R^2 值的变化趋势，判断调节效应的显著性。根据表 5-41 可知，控制变量企业类型对因变量功能升级的影响不显著。

模型一：预测变量为代工企业技术力，因变量为功能升级。根据表 5-41 可知，技术力的系数 0.783 为正，且在 0.001 水平上显著，说明代工企业技术力与功能升级具有显著的正向影响。假设 H1 成立。

模型二：预测变量为代工企业市场力，因变量为功能升级。根据表 5-41 可知，市场力的系数 1.006 为正，且在 0.001 水平上显著，说明代工企业市场力与功能升级具有显著的正向影响。假设 H2 成立。

模型三：预测变量为代工企业品牌力，因变量为功能升级。根据表 5-41 可知，品牌力的系数 1.141 为正，且在 0.001 水平上显著，说明代工企业品牌力与功能升级具有显著的正向影响。假设 H3 成立。

模型四：预测变量为代工企业技术力、技术力与信任关系的乘积，因变量为功能升级。根据表 5-41 可知，代工企业技术力、技术力与信任关系的乘积系数不显著，说明信任关系对代工企业技术力与功能升级的调节作用不显著。假设 4 不成立。

模型五：预测变量为代工企业市场力、市场力与信任关系的乘积，因变量为功能升级。根据表 5-41 可知，代工企业市场力、市场力与信任关系

表 5-41　代工企业推动力与功能升级关系的回归分析　（N=292）

变量	模型1	模型2	模型3	模型4	模型4	模型5	模型5	模型6	模型6	模型7	模型7	模型8	模型8	模型9	模型9
常数项	59.854***	64.332***	64.332***		59.947***	59.840***	59.196***	60.536***	59.736***	59.752***	61.314***	60.084***	59.985***	60.344***	59.957***
控制变量															
企业类型	0.366	0.251	-0.146	0.298	0.318	0.177	0.390	-0.131	-0.085	0.440	0.129	0.198	0.138	0.008	0.064
预测变量															
技术力	0.783***			0.436***	0.431***					0.388***	0.391***				
市场力		1.006***				0.804***	0.768***					0.630***	0.641***		
品牌力			1.141***					0.701***	0.679***					0.569***	0.585***
调节变量															
信任关系				0.745***	0.760***	0.417**	0.582***	0.303*	0.698**						
技术力×信任关系					0.002										
市场力×信任关系							0.015***								
品牌力×信任关系									0.021***						
制度环境										0.452***	0.421***	0.295**	0.296**	0.403***	0.405***
技术力×制度环境											0.028**				
市场力×制度环境													0.002**		
品牌力×制度环境															0.004
模型统计量															
R²	0.689	0.818	0.748		0.808	0.828	0.832	0.794	0.801	0.858	0.880	0.854	0.854	0.838	0.843
调整后的 R²	0.678	0.812	0.739		0.794	0.818	0.820	0.783	0.786	0.850	0.871	0.846	0.843	0.829	0.831
F 统计量	62.014***	126.067***	83.018***		77.200***	88.152***	67.072***	70.727***	53.232***	110.674***	99.210***	106.855***	79.123***	94.666***	71.111***
结论	显著	显著	显著		不显著	显著	显著	显著	显著	显著	显著	显著	显著	显著	不显著

注：* 表示 $P<0.05$；** 表示 $P<0.01$；*** 表示 $P<0.001$；系数为 Standardized Cofficients（BETA）值。

149

的乘积系数为 0.015，在 0.001 水平上显著，说明信任关系对代工企业市场力与功能升级的调节作用显著。假设 5 成立。

模型六：预测变量为代工企业品牌力、品牌力与信任关系的乘积，因变量为功能升级。根据表 5-41 可知，代工企业品牌力、品牌力与信任关系的乘积系数为 0.021，在 0.001 水平上显著，说明信任关系对代工企业市场力与功能升级的调节作用显著。假设 6 成立。

模型七：预测变量为代工企业技术力、技术力与制度环境的乘积，因变量为功能升级。根据表 5-41 可知，代工企业技术力、技术力与制度环境的乘积系数显著，说明信任关系对代工企业技术力与功能升级的调节作用显著。假设 7 成立。

模型八：预测变量为代工企业市场力、市场力与制度环境的乘积，因变量为功能升级。根据表 5-41 可知，代工企业市场力、市场力与信任关系的乘积系数为 0.02，在 0.005 水平上显著，说明信任关系对代工企业市场力与功能升级的调节作用显著。假设 8 成立。

模型九：预测变量为代工企业品牌力、品牌力与制度环境的乘积，因变量为功能升级。根据表 5-41 可知，代工企业品牌力、品牌力与信任关系的乘积系数不显著，说明信任关系对代工企业市场力与功能升级的调节作用不显著。假设 9 不成立。

2. 代工企业核心能力对推动力与功能升级的中介作用检验

这部分主要分析代工企业核心能力对推动力三个维度即技术力、市场力、品牌力与代工企业功能升级之间的中介效应。按照前文构建的核心能力对代工企业推动力三个维度即技术力、市场力、品牌力与代工企业功能升级的模型，应用 AMOS21 软件进行结构方程分析。

代工企业核心能力在推动力与功能升级间的中介效应结构方程分析指标如表 5-42 所示。Model10 结果显示，模型中各拟合指数均较为理想，其中，χ^2 值为 356.340，df 为 125，χ^2/df 为 2.851，小于可接受水平 5；RMSEA 为 0.079，小于可接受水平 0.08；GFI 为 0.909、NFI 为 0.950、TLI 为 0.978、CFI 为 0.918，均大于 0.90，说明代工企业核心能力在推动力与功能升级之间的中介效应模型成立。

表5-42　代工企业核心能力在推动力与功能升级之间的中介效应拟合指数

指标	χ^2	df	χ^2/df	P	GFI	NFI	TLI	CFI	RMSEA
Model10	356.340	125	2.851	0.000	0.909	0.950	0.978	0.918	0.079

依据温忠麟等（2004）关于中介效应成立的条件，分别对代工企业核心能力对推动力三个维度即技术力、市场力、品牌力与代工企业功能升级间的中介作用进行验证，从而对这一部分的假设进行检验。结构方程分析结果如表5-43显示。

表5-43　代工企业核心能力对推动力与功能升级之间的中介作用路径
系数及显著性检验

变量间关系	标准化路径系数	非标准化路径系数	标准误	CR值	P	显著性水平
核心能力←技术力	0.452	0.536	0.064	9.239	***	显著
核心能力←市场力	0.419	0.476	0.071	9.247	***	显著
核心能力←品牌力	0.010	0.070	0.187	0.351	0.726	不显著
功能升级←核心能力	0.482	0.547	0.060	9.104	***	显著
功能升级←技术力	0.528	0.574	0.061	9.348	***	显著
功能升级←市场力	0.384	0.472	0.070	9.147	***	显著
功能升级←品牌力	0.392	0.423	0.063	9.291	***	显著

注：***表示显著性水平P<0.001。

代工企业核心能力在推动力与功能升级之间的中介作用具有差异性，核心能力对技术力和市场力与功能升级的中介作用显著，而核心能力对品牌力与功能升级的中介作用不显著，假设10、假设11、假设13成立，假设12不成立。代工企业核心能力在推动力与功能升级间的中介作用模型如图5-16所示。

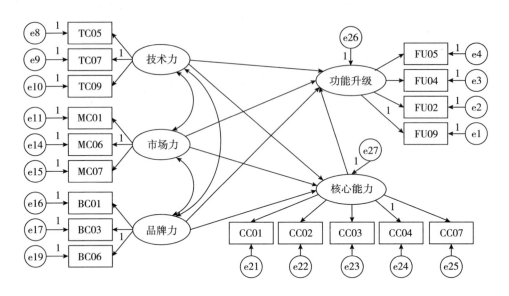

图 5-16 代工企业核心能力在推动力与功能升级之间的中介作用模型

（六）检验结果分析

代工企业核心能力在推动力与功能升级之间的作用假设验证如表 5-44 所示，分析产生以上结果的可能原因。

表 5-44 代工企业核心能力对推动力与功能升级之间的调节作用关系的
假设验证

研究假设	验证
H1：代工企业的技术力强度与代工企业功能升级正相关	通过
H2：代工企业的市场力强度和与代工企业功能升级正相关	通过
H3：代工企业的品牌力强度与企业功能升级正相关	通过
H4：代工企业的技术力对代工企业功能升级的作用受到信任关系的调节，信任关系越好，技术力水平越高，越有利于促进代工企业功能升级	未通过
H5：代工企业的市场力对代工企业功能升级的作用受到信任关系的调节，信任关系越好，市场力水平越高，越有利于促进代工企业功能升级	通过

研究假设	验证
H6：代工企业的品牌力对代工企业功能升级的作用受到信任关系的调节，信任关系越好，品牌力水平越高，越有利于促进代工企业功能升级	通过
H7：代工企业的技术力对代工企业功能升级的作用受到制度环境的调节，制度环境越好，技术力水平越高，越有利于促进代工企业功能升级	通过
H8：代工企业的市场力对代工企业功能升级的作用受到制度环境的调节，制度环境越好，市场力水平越高，越有利于促进代工企业功能升级	通过
H9：代工企业的品牌力对代工企业功能升级的作用受到制度环境的调节，制度环境越好，品牌力水平越高，越有利于促进代工企业功能升级	未通过
H10：代工企业技术力对企业核心能力有正向影响	通过
H11：代工企业市场力对企业核心能力有正向影响	通过
H12：代工企业品牌力对企业核心能力有正向影响	未通过
H13：代工企业的核心能力对代工企业功能升级有正向影响	通过

（1）代工企业的技术力、市场力、品牌力对代工企业升级的直接效应明显，说明代工企业通过合理地配置资源，有效地改善与提高企业的技术力、市场力和品牌力，可以推动代工企业的功能升级。

（2）信任关系对代工企业功能升级有着重要的调节作用。信任关系对代工企业的市场力和品牌力与功能升级的调节效应显著，代工企业加强社会网络成员的沟通与联系，彼此互相信任，相互间交流有价值的市场、社会信息与资源，增强与顾客的信任关系，可以提升顾客的忠诚度，有利于代工企业的功能升级；信任关系对代工企业的技术力与功能升级的调节效应不显著，可能是因为代工企业过多地信任跨国企业的技术转移与技术渗透，简单地认为跨国企业可以帮助企业实现技术升级，形成了跨国企业的依赖。事实证明，代工企业因此被技术锁定在低端环节，不利于代工企业的功能升级，技术升级是企业的内生变量，必须靠企业的长期技术积累与创新才能完成。

（3）制度环境对代工企业的技术力和市场力与功能升级的调节效应显著，通过完善法律、文化、经济、贸易、金融等制度环境，有利的制度环境为代工企业提供了所需的升级资源和信息，代工企业的产权技术受到保护，规范了市场秩序，扩大了消费需求，为企业提供金融支持，改善贸易环境等，减小企业的经营风险，提供资金保障，为企业集中资源进行技术研发和市场开拓创造了有利的条件；制度环境对代工企业的品牌与功能升级的调节效应不显著，可能是因为国家扶持代工企业自创的制度缺乏，对已颁布的法律、法规缺少监督机制，此前国家管理的重点仍以促进贸易的管理措施偏多，忽视了自主创新品牌企业的真正需求，没有为代工企业构建有利的品牌建设环境，应通过制度建设鼓励企业自创品牌实现功能升级。

（4）代工企业的技术力和市场力对核心能力有正向影响，说明代工企业可以通过提升技术力和市场力构建自身的核心能力，与竞争对手抗衡，构建市场渠道，实现企业的技术和市场升级；代工企业的品牌力对核心能力的影响效应不显著，可能是因为很多的代工企业目前缺乏品牌管理的经验，无法形成核心能力所致，但并不说明品牌能力不能形成企业的核心能力，代工企业需注重品牌力的提升，实现技术力、市场力和品牌力"三力"协同互动的局面，推动核心能力的形成；核心能力对代工企业的功能升级具有正向推动作用，提醒代工企业在升级过程中努力形成差异化的能力，其他竞争企业无法模仿和复制，尤其要注重属于无形资产的能力构筑，可以为企业带来持续的竞争势力，实现功能升级。

三、本章小结

本章在第四章上，提出了代工企业能力与代工企业功能升级关系的研究假设，对回收的 292 个有效调查问卷利用工具软件进行分析，综合运用信度、效度检验，调节效应、中介效应检验、探索性因子分析、验证性因子分析、结构方程建模等方法，验证代工企业的核心能力对代工企业功能升级的中介作用，代工企业能力、信任关系、制度环境对代工企业功能升级间的作用机理。假设检验结果显示，在 13 个效应假设中，有 10 个支持，3 个不支持，本书对这一结果给予了一定的解释。

第六章

"三力一链"协同互动的代工企业
全球价值链高端攀升研究

协同指系统内的要素向系统目标一致运行(任宗强,2012),"协同"的原意是"一起工作",来源于希腊语("Συνεργατικη"),《说文》提到"协,众之同和也。同,合会也",意味着齐心协力为完成共同目标而努力。德国科学家哈肯(1971)提出了系统协同学理论,指出系统内的各种事物相互配合,推动系统从一种序状态向另一种序状态转化而形成新质的过程。协同效应是两个或两个以上事物共同运行作用区别于事物单独运行时所产生的结果或效果的简单相加(Wikipedia,2012)。伊丹广之的题为"隐形资产"的文章实际上是其著作《启动隐形资产》(*Mobilizing Invisible Assets*)中提出的,将协同效应分解为"互补效应"和"协同协应"。美国战略管理学院 H. 伊戈尔·安索夫(H. Igor Ansoff)将协同思想引入管理学领域,提出了"战略四要素说",强调"2+2=5"协同效应在于企业内各业务单元的相互协作(杜栋,2008)。Porter(1985)将协同理论与战略业务单元理论进行了融合,利用价值链分析法对每项业务行为如何影响企业的整体战略进行了研究。Campbell 和 Goold(1998)认为,协同能在六个方面给商业带来回报,通过共享的技能、联合力量创造新商机。

国内对企业管理协同的研究中有关创新协同较多,有学者对企业的战略协同、知识协同、模块协同等进行了研究。曹虹剑等(2015)认为,协同与融合是经济组织的另一个侧面。魏江等(2014)指出,组织模块化和技术模块化的协同分为拼合式协同、聚拢式协同、获取式协同、整合式协同，可以规避因组织身份差异、单体与系统技术差距所带来的障碍。石宝明（2004），胡昌平和晏浩（2007），沈丽宁（2007），盖玲和罗贤春（2008），刘超（2010），Liu（2010）等研究了知识协同，提出了战略、文化、制度、结构、规则、技术和流程等方面的创新机制和协同方法。张浩等（2011）认为，企业有内部协同和外部协同，内部协同指结构维、文化维和能力维的战略协同机制，内部协同实现内部资源的有效匹配，外部协同可以与战略伙伴互惠成长。

一、"三力一链"协同互动的代工企业全球价值链高端攀升模型

代工企业的发展具有累积性、路径依赖、多向因果、正反馈和自组织的系统特征，代工企业全球价值链高端攀升过程所呈现的这些特征，有助于研究代工企业升级能力协同管理的规律。代工企业具有自调解功能的整体系统，各个部门组成、能力和要素之间是"相互生成、相互依赖、相互作用的"。即各个组成部分间能产生互动性作用，形成功能耦合（李曙华，2002）。管理协同的目的是产生管理协同效应，而实现管理协同效应靠单个的要素难以实现，需要各种管理要素相互配合、相互促进作用的互动来加强要素的效果而导致整体的发展。代工企业按照协同方式进行整合，实现企业内部结构要素的一致性和互补性，企业的这种互动性显然能产生系统的波动和系统状态新的变化从而实现协同效应。

代工企业全球价值链高端攀升需要技术、市场、品牌相关部门与团队成员的互动行为，赵慧群和陈国权（2010）研究了团队互动行为对学习能力的关系，在组建和管理团队时，应在团队目标的指引下，充分应用不同经验、知识和技能的员工，在事实导向和情感导向产生互动，愿意彼此交流信

息，顾及团队成员的情绪和感受。张敬伟（2014）研究了企业内部技术能力与营销能力互动的协同效应，认为其是企业成长的关键动力。企业在成长过程中往往出现能力发展不平衡或关注技术力而忽视市场力或品牌力的情况，这是导致企业成长失败的原因，企业要主动在各种能力之间主动转换、配合。

国内学者对代工企业协同与互动的研究内容侧重于代工企业与外部组织的互动及学习，对代工企业内部组织、部门、团队、员工之间的互动、协同的研究有限。于明超（2008）认为，代工企业可以利用不同发展阶段所获得的资源和能力的协同发展战略业务创造协同效应，实现竞争力的构建与资源的杠杆利用。在ODM阶段，利用OEM阶段积累的产品技术，吸收转化为先进的产品技术，实现OEM与ODM互补，推动ODM升级。在OBM升级阶段，协同效应体现在三个方面：技术力方面对产品的规格、外观进行改造或以模块化的技术进行改变，实现技术协同；可以从中间品市场获得的较高利润，反哺自有品牌业务的发展；利用顾客需求、市场的研究信息反馈加强产品的设计和研发能力。裴秋蕊（2017）指出，我国出口型代工中小企业坚持走技术进步协同品牌发展的道路，突破了全球价值链上的主导企业的俘获，形成企业核心竞争力，使创新带来的竞争优势凝结于品牌中。

随着企业外部环境动荡性的加剧以及战略管理研究的深入，基于资源观的核心竞争力很难适应快速变化的动态环境，动态能力可以克服资源的"核心刚性"，是企业保持竞争力和竞争优势的重要来源（Teece，1997）。代工企业的核心竞争力从发展初期以低成本组装、质量、交货时间及价格优势（Jao，1999），发展为具备研发、设计、关系管理、物流的能力（Hobday，1995），有的企业具备了开拓市场、塑造品牌的能力。在代工的合作模式下，代工企业拥有稀缺的、珍贵的以及难以模仿的资源是代工企业竞争力的具体体现（杨桂菊，2006）。技术力、市场力、品牌力这三力构成了代工企业沿价值链升级的主要推动力，代工企业有效地整合企业内外部的知识、资源、能力和文化等，提高企业升级的机遇和把握性，降低运营成本和风险，是各种要素整合、能力互动、机制协同的动态过程。代工企业核心能力构建的过程中，受到企业内外部环境诸多因素的一致与交叉影响，企业必须随时调整企业的战略、组织机构、有限资源、文化建设等管理机制，为企业升级提供管理保障，如协调企业内部的利益关系，减少利润冲突，建立知识共享的信息氛围与信息平台。根据以上分析，构建"三力一链"协同互动的代工企业升级模型如图6-1所示。

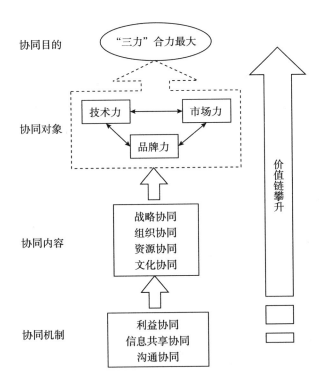

图6-1　"三力一链"协同互动的代工企业全球价值链高端攀升模型

在代工企业全球价值链高端攀升模型中，互动形成的"三力"合力最大是最终发展目标，以企业各种要素的（高级人力资本、企业家精神、企业实力、知识吸收能力、创新环境、网络能力、品牌影响力、企业规模、并购、联盟、知识产权控制、渠道控制、企业资产、技术创新能力、营销能力、品牌战略与运营能力、人力资本、学习能力、社会资本等）的推动，形成由技术力、市场力和品牌力有机组合的"三力"推动代工企业全球价值链高端攀升的动力，通过有效的协同内容、协同机制，突出协同的系统管理理念。其要点是：一个目标，围绕企业升级战略，实现"三力"合力最大化；三个基本点，以战略导向和要素的有效协调推动市场力、技术力、品牌力的协同互动；两个基石，代工企业的协同内容、协同机制是"三力"顺利协同的基本保障。

"三力一链"协同互动的代工企业全球价值链高端攀升具备以下特征：

（1）战略性。以企业升级战略为依据和出发点，实现企业"三力"形成的合力最大化，推动代工企业在全球价值链上的升级。既要满足提高代工企业目前经营绩效的需要，又要考虑代工企业未来发展的持续能力需求。

（2）整体性。代工企业内基于要素推动的"三力"协同是一项系统工程，需要企业内部各部门、各要素的协调配合才能完成。

（3）广泛性。协同活动渗透到组织的每一个流程、每一件日常工作、每位员工。

（4）主导性。强调协调在代工企业内部的主导地位，代工企业应意识到升级的意义及必要性，通过组织机构的调整和相关的制度制定，提高组织保障（陆克斌，2010）。

二、技术力、市场力、品牌力"三力"协同的目的

代工企业沿着微笑曲线在价值链上的全球价值链高端攀升的过程，是由市场力、技术力、品牌力组成的"三力"合力组成的推动力不断实现最大化的过程，反映在能力水平由低到高的渐变过程。基于微笑曲线的代工企业"三力"合力最大化的企业全球价值链高端攀升关系如图6-2所示。

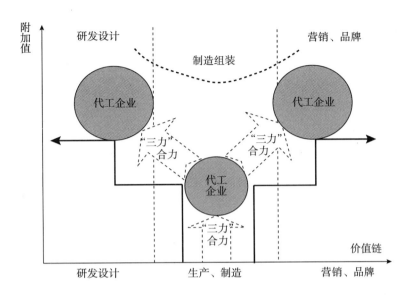

图 6-2 代工企业"三力"合力最大化的企业全球价值链高端攀升关系

由图 6-2 可以看出,代工企业是在"三力"合力的推动作用下向价值链高端运动,这种运动轨迹是不断打破企业现有力量平衡,不断突破力量边界,最终实现的升级结果。在内外部环境的影响下,代工企业的能力一步一步渐进发展。形成较高水平的能力需要有一定的能力基础,因而,企业能力发展需要一个过程,在每一个过程阶段,"三力"合力都处于该阶段最大化的状态,代工企业也变得越来越强大。同时,代工企业在升级过程中的能力状态呈现出相对静态和动态,静态下的企业能力具有层次性的特点,而这种层次性体现在横向和纵向两个方面,动态能力则呈现能力演进的特征。

(一)代工企业能力发展的层次结构

把代工企业的升级过程进行剖面分析不难发现,代工企业的发展是由一系列延续的静止状态组成的,在相对静止的某时刻的"三力"合力,也呈现出最大化的特征。我们把研究的事物按照它们质与质之间的关系及顺序加以整理时,会发现各种具体的能力表现形态间有一种层次结构关系。在系统中,一般来说,低层次能力隶属于和支撑高层次能力,高层次能力

161

包含或支配低层次能力。代工企业必须按照能力层次方式由低级向高级逐步进行整合，形成较高一级的元素集合，才能实现企业升级结果。一般情况下，高层次能力的行为或过程的变化特征是尺度大、频率低、速度慢，而低层次能力的行业或过程则表现出尺度小、频率低、速度慢的特征。高层次能力会制约低层次能力的发展，低层次能力为高层次能力提供动态的支撑和功能保障，这进一步导致代工企业的发展呈现出路径依赖的问题（齐庆祝，2004）。当某一方面的能力发展较好，具有竞争优势时，企业的资源会逐渐向其聚拢，制约了其他层次的发展。代工企业的能力突出表现为较强的技术力，而市场力和品牌力的发展较弱，处于较高层次，代工企业发展的合力来源主要是技术力的推动作用完成的。根据以上分析绘制静态状态的代工企业"三力"合力最大化，如图6-3所示。

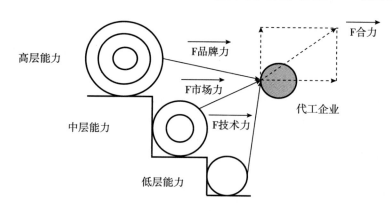

图6-3　静态状态的代工企业"三力"合力最大化

资料来源：笔者根据齐庆祝. 企业能力的维度、层次及层次演进研究［D］. 天津大学博士学位论文，2004. 整理绘制。

由图6-3可以看出，技术力、市场力、品牌力的合力推动代工企业发展，"三力"合力公式（6-1）如下所示：

$$\overrightarrow{F_{合力}} = \overrightarrow{F_{品牌力}} + \overrightarrow{F_{技术力}} + \overrightarrow{F_{市场力}} \tag{6-1}$$

在剖面图上，此时代表着企业系统内资源配置进行优化组合后的结果，$\overrightarrow{F_{合力}}$处于最优化的状态，$\overrightarrow{F_{合力}}$的值来自$\overrightarrow{F_{品牌力}}$、$\overrightarrow{F_{技术力}}$、$\overrightarrow{F_{市场力}}$的合

力，$\xrightarrow[F_{合力}]{}$大小会受到$\xrightarrow[F_{品牌力}]{}$、$\xrightarrow[F_{技术力}]{}$、$\xrightarrow[F_{市场力}]{}$"三力"的影响。同时可以看到，$\xrightarrow[F_{品牌力}]{}$和$\xrightarrow[F_{市场力}]{}$处于较低层次，而$\xrightarrow[F_{技术力}]{}$处于较高层次，也就是说，代工企业$\xrightarrow[F_{合力}]{}$的大小受到$\xrightarrow[F_{技术力}]{}$的影响更多些。代工企业在与跨国企业合作的过程中，不断加大自身的技术能力投资，以便在与同类企业的竞争中取得竞争优势，更加符合跨国企业的技术要求，最终变成跨国企业企业内部价值链的一部分。这种技术的进步，属于专用性投资，会使代工企业逐步陷入路径依赖的陷阱，企业的发展方向受制于跨国企业的需求状态，对代工企业的发展非常危险，事实也证明如此。

从企业价值链升级的角度考虑，高层次的能力竞争优势持续的时间越长，可参与竞争的范围越广，随着能力层次水平的不断升高，其涉及的业务范围越广泛，对企业来说实现的难度越大，被竞争对手模仿和超越的可能性越小。代工企业要想获得"三力"合力最大化的状态，需提升代工企业的能力层次，尤其是中、低层次的能力水平，才能整体上拉动企业的竞争能力。杨桂菊（2006）研究发现，各种类型代工企业的核心能力及薄弱环节各有不同，在价值链的低级阶段，大部分企业具有较强的低成本、高效的制造能力，缺乏先进技术和品牌运作能力；在中级阶段，具有了一定技术能力，依然缺乏品牌运作能力；在高级阶段，一些企业具备了自有品牌，这时品牌的核心竞争力成为企业的升级动力。代工企业在升级不同阶段能力层次差别，如表6-1所示。

表6-1 代工企业能力层次差别

标准 \ 升级阶段	OEM			ODM			OBM		
	技术力	市场力	品牌力	技术力	市场力	品牌力	技术力	市场力	品牌力
优		√					√	√	√
良	√				√				
差		√	√			√			

资料来源：笔者根据相关资料整理。

由表6-1可知，从静态层面看，代工企业要实现"三力"合力最大化的协同目标，首先要保持技术能力上的优势，并不断扩大和发展这种优势，与竞争对手形成差距。同时，要积极调动和协调企业的资源向市场力和品牌力倾斜，迫使企业向产业链的下游发展，开发属于自己的终端用户，并逐渐加强这方面的优势和能力。企业能力层次越高，其组织边界越广，这意味着该层次的能力更加难以实现。代工企业只有实现"三力"自身发展的最优化，才能最终实现"三力"合力的最优化，摆脱代工企业升级发展路径依赖和发展陷阱。

（二）代工企业推动力演进机理

代工企业在内外环境变化的影响下，企业推动力的发展具有动态演化特点。齐庆祝（2004）将企业能力演化过程分为稳定—混沌—分岔—涌现四个发展阶段，在参考相关研究基础上，现构建了代工企业能力演化周期（见图6-4）。分岔（Bifurcatino）是系统的控制参量改变而引起动态系统定性性质的改变，是企业升级的突破口；涌现的是在微观主体进化的基础上，

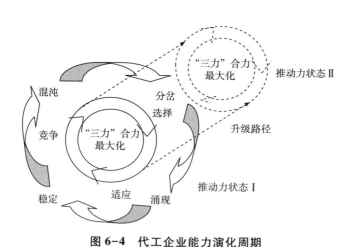

图6-4 代工企业能力演化周期

资料来源：齐庆祝．企业能力的维度、层次及层次演进研究［D］．天津大学博士学位论文，2004.

宏观系统在性能和结构上的突变，企业不断优化、协调企业能力结构，集中体现在量变性质。

图6-4中，推动力状态Ⅰ和推动力状态Ⅱ代表着代工企业不同的升级状态，合力状态Ⅱ>推动力状态Ⅰ。在推动力状态Ⅰ和推动力状态Ⅱ的各自状态下，企业的推动力结构存在相对稳定的状态，当企业各个推动力单元间的相互方式或强度发生变化，现有推动力结构将被破坏，企业需产生新的推动力结构以适应环境的变化，企业进入混沌状态。原有的平衡被打破，企业面临着发展方向的分岔，企业在发展过程中会面临多次的分岔状态，企业重新适应新的环境，企业完成了从一个合力平衡状态到新的一个平衡状态过渡周期的推动力过程，即一个周期的推动力演化。企业推动力体系不能适应环境变化的需要时，将进入下一轮的推动力演化。此时，代工企业"三力"合力的大小也会发生变化，并不是说在分岔点处，企业都可以完成"三力"合力增值，分岔点对企业来说是机遇也是挑战，企业如能够正确判断和决策，选择正确的发展路径，可以提升"三力"合力最大化增值，就会实现企业升级的目的，意味着企业"三力"合力的最大化由推动力状态Ⅰ上升到推动力状态Ⅱ。

代工企业要实现动态推动力条件"三力"合力的最大化，一方面，企业内部各部门、员工进行协作、合作或竞争，以适应企业内部环境，企业形成一个高效协调的有机整体；另一方面，企业要调整自己的发展战略，形成自己的优势特色，使企业整体推动力得到提高，向更高的推动力层次状态迈进。

三、技术力、市场力、品牌力 "三力"协同互动研究

（一）代工企业技术力、市场力、品牌力"三力"互动模型

资源学派把企业看作是资源的集合体，资源是隶属于企业的一切有形

和无形的客观存在，因企业能力的差异导致企业资源使用的效率不同，能力是社会主体对客观世界可发挥的作用力（黄津孚，2001）。核心能力是"组织中的积累性学识，特别是关于如何协调不同的生产技能和有机结合多种技术流的学识"（王国顺等，2006）。企业作为一个能力系统，本质是非线性系统，系统内部的要素之间及与外部环境之间的关系是非线性的反馈系统，要素之间构成正反馈、负反馈和正负反馈复合的反馈环，各种反馈回路导致了企业能力的形成、发展、僵化与更新（王国顺等，2006）。互动指相互接触的双方或多方主体间由于某种原因在接触过程中相互影响的过程，作用形式表现为竞争合作，合作触发系统的正反馈环节，竞争触发了系统负反馈环节，合作和竞争的作用促使系统内的能力要素间关系得到加强或减弱，系统的能力结构呈螺旋式上升或螺旋式下降，通过互动彼此增强的能力合力推动企业不断发展。

代工企业实现技术力、市场力、品牌力的合力最大化，企业的竞争力是能力与资源结合的结果（黄津孚，2001）。企业以多项资源、技能为基础形成自己的核心能力，有效地把企业资源、能力、组织和文化整合在一起。代工企业的资源和能力之间是一种相互协调、互动的依存关系，互动的范围趋向于多维化和全方位化，企业能力之间的互动是双边的互动，是一种社会生态系统持续发展的过程（宋华和刘林艳，2011）。基于上述研究和逻辑，代工企业升级推动力合力的形成与建立存在着三种主体的互动行为，三种主体是技术力、市场力、品牌力，通过企业内部的要素的流动和配置，触发企业互动的正反馈环节，实现企业的螺旋式上升。构建代工企业升级的"三力"互动模型，如图6-5所示。

模型中通过"三力"主体间的两两互动、"三力"间互动，构成了"三力"互动模型的整体框架，在这个框架中，"三力"主体间的互动通过企业内部要素推动实现"三力"合力最大化，提供了企业的升级动力。

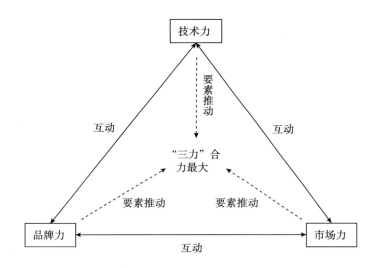

图6-5　代工企业升级的"三力"互动模型

（二）技术力、市场力、品牌力两两互动

1. 技术力与市场力相互促进的关系

技术力与市场力的互动比较频繁，关系紧密，是互相渗透、互相联系、互为前提和补充的有机整体，双方的任何变化对彼此影响比较大。技术力、市场力以及二者的交互作用均与绩效正相关（Song，2005），技术力和市场力是互补关系而非替代关系，二者之间存在互动效应，只有在市场力和技术力协同互动条件下，产品才更容易被消费者接受。技术力与市场力的互补性体现在：

市场力为企业的技术或产品选定目标市场，通过市场努力获取更多的客户订单，为企业后续研发活动的开展提供资金支持。市场力对技术力的创新作用表现在如下方面：①明确创新目标；②强化创新沟通；③参与创新过程（李清政等，2010）。在促进产品开发方面，市场力比技术力更重要，市场力有助于寻找开发和规划新产品机会，动态监控市场需求变化并及时修正产品，快速与市场需求吻合，提高产品打入市场的成功率，实现生产到销售的"惊险一跳"（张小蒂和赵榄，2009），从而为技术力拓展找到试验田（张敬伟，2014），市场力强是有利于技术竞争能力的。市场力可提高企业产品的销售量，提高企业利润，规模效应可分摊投入研发设计的费用，增长的利润有利于企业进行产品研发的再设计，形成良性循环，为持续研发提供资金支持，解决企业存在的资金困难和完成高成本营销的问题（Danneels，2002）。

技术力形成企业的核心技术，能满足客户对产品的功能需求，具有知识产权的技术力在市场上可以有效地抵御市场竞争，设置市场壁垒，防止竞争者进入，提高企业在市场上的影响力，扩大市场份额，提升企业的声誉。技术力表现为企业较强的创新能力，帮助企业在市场竞争中形成持续的竞争优势，从而不断地提高顾客的忠诚度，提升企业的市场力。

2. 市场力与品牌力相互促进的关系

现在越来越多的学者把品牌力单独作为推动企业升级的动力之一，从而把品牌力从市场力中分离出来。品牌精神元素凝练在从产品生产到售后服务的每一个环节中，目的在于培养消费者与企业或产品或品牌的一种独特的情感联系，品牌力的塑造贯穿于企业或产品生命周期的各个阶段，从导入期以"术"的导入为开始，到成长期的末期和成熟期后期品牌力上升到作为企业的竞争战略的一部分，贯穿于企业的所有经营价值链环节中（蔡丹红，2017）。企业的市场力和品牌力是企业将产品推向市场、长期影响消费者的重要力量，二者之间是相互影响、相互促进的关系，品牌力表现为市场力的更高级形式。

品牌力的大小通过市场力表现出来，产品和运作实力的差异等市场竞争状况反映了不同层次的品牌力。强的品牌力表现为市场上高的品牌知名度，正面的品牌联想和较高的顾客忠诚度，这些都是品牌持续发展的潜力所在（王晓晴，2011）。品牌力是影响市场力的营销沟通的重要因素之一，一些公司通过品牌开发来提升市场力（Eng 和 Spickett‐Jones，2009），把品牌力视为提升企业市场力的工具之一（Vorhies 和 Morgan，2005）。品牌力强的企业，品牌溢价能力强，会影响其他企业的产品定价,形成市场势差,提升了企业的市场力;品牌力对消费者有一定的品牌黏性,在渠道中享有较高的声誉,在与经销商的谈判中具有优势,企业在渠道经营与开发具有较强的控制力,有利于市场力的增加;品牌力意味着企业在业界具有较高的影响力,在与不同类型的合作者、竞争者谈判中具有广泛的讨价还价的空间,处于支配的地位,提升了企业的市场力。

企业的市场控制力强,对市场信息的控制能力强,产品分布广,提供了更多与消费者接触的机会,品牌接触点多,企业可以通过直接接触点和间接接触点与消费者互动,增加消费者体验,在活动中传播品牌的理念,通过情感维系品牌忠诚,锻造企业品牌力;市场力强的企业与其他有实力的企业合作的机会多,企业在合作中进行市场渗透与市场扩张,吸引潜在消费者,企业的品牌影响力也随之扩大。

3. 品牌力与技术力相互促进的关系

产品质量一直以来作为反映企业技术水平的一个重要标志,产品质量保证是建立品牌的基础和前提,质量成为品牌资本运营的基础(郭汉尧,2015),品牌力与技术力在企业升级中存在相互促进的关系。

企业品牌力强,资本运作能力强,企业有足够的资金发展核心技术,在行业领域内申请专利、标准,实行知识产权保护,提高行业竞争力水平,为企业技术力的发展提供金融、资金支持;企业的品牌力代表了品牌的受众基数,富有技术内涵的易于形成独特的个性品质,其品牌资产价值高,可以在消费者中形成网络效应,为企业带来更多的资金;品牌力强,消费者忠诚度高,品牌的溢价能力强,企业可以获得更多的利润支持技术力的发展;企业品牌力在技术创新商业化过程中起到了重要的作用,缩短消费者接受新产品的时间,在品牌延伸基础上形成有利的品牌联想和品牌形象,提升技术创新绩效(王铮,2013)。知名度高的品牌增加了企业进行创新的机会和能力,优化了企业价值链(赵爱英,2008)。

技术力是品牌成立、成长的技术来源,企业进行核心技术创新是品牌成长的动力源泉和价值增值的源泉(王俊峰和程天云,2012),随着企业、产品的知名度和美誉度的提升，最终成长为一个知名品牌。企业的技术力来源于独有的核心技术，在不需任何外力的作用下企业凭借卓越的核心技术，直接成为具有领导力品牌，技术力赋予品牌独一无二的品牌个性和品牌形象而受到消费者的青睐。Liliya（2010）研究了天生技术性国际化公司建立一个基于技术卓越和没有昂贵营销传播活动的国际技术品牌的可能性，后续研究证明了无形产品和企业属性在增加工业品牌价值方面的特殊重要性。

核心技术的持续创新是品牌成长的"灵魂"，任何一个技术化的国际知名品牌的成长史都是一部该品牌锐意创新、引领市场潮流的历史（Otu-banjo 和 Lim，2012；Altshuler 和 Tarnovskaya，2010；王分棉 等，2015）。技术创新的每个维度都对企业的自主品牌建设产生影响，这种正向影响关系贯穿于企业品牌建设的诸多环节，督促企业利用现有的知识产权及相关规定和体制推动品牌建设（李青，2008）。

（三）技术力、市场力、品牌力"三力"互动路径

技术力、市场力、品牌力在生成、成长、互动过程中，企业内外部环境中可控的和不可控的因素影响"三力"的大小、方向、成长的速度、互动的路径，会改变其初始的成长轨迹，从而形成不同企业多样化的升级方向。根据以上分析，构建代工企业的"三力"互动路径如图6-6所示。

本书以企业环境中特定的因素对"三力"的影响，了解"三力"互动的发展路径。现假定：

路径 I：技术力影响因素：产品质量（t=0）→技术力（t=1）→市场力（t=2）→品牌力（t=3）；

路径 II：市场力影响因素：市场占有率（t=0）→市场力（t=1）→技术力（t=2）→品牌力（t=3）；

路径 III：品牌力影响因素：顾客忠诚度（t=0）→品牌力（t=1）→市场力（t=2）→技术力（t=3）。

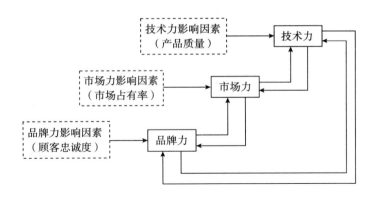

图 6-6 代工企业的"三力"互动路径

在路径Ⅰ的情况下,产品质量和技术较高时,有关企业技术的负面信息较少,客户满意度高,可以进一步实现对市场的渗透甚至垄断,实现技术、渠道、市场开拓之间的互动与协同,巩固市场地位(张小蒂,2011)。企业产品或服务质量得到客户的认可和信赖,有助于树立较好的品牌形象和声誉,提升产品市场知名度,随着顾客满意度的提高,顾客忠诚度也会提高。

在路径Ⅱ的情况下,产品市场占有率高,意味着庞大的顾客数量带来产品销量的增加,发挥了规模经济的作用,分摊企业前期的研发成本及降低单位产品的生产成本,充足的资金储备有利于企业下一轮的技术创新;在资金实力及技术资源上具备先进技术的独立研发能力,提高知识产权获取的效率,增加企业在网络中合作的机会提升,使提升品牌力更具现实可行性(夏雪花,2016)。

在路径Ⅲ的情况下,对消费者而言,品牌是消费者选择商品的重要依据,较高的顾客忠诚度,降低了他们对价格竞争的敏感性,进而形成品牌壁垒,造成顾客或消费者的心理差异,这使消费者相比较而言变得容易满足。持久的消费者偏好和信任,维持着企业的顾客保持率,从而能够给企业带来长期超额回报和竞争优势,在降低企业营销成本的同时,也为企业赢得更多的市场机会,故企业投入更多资金提升产品质量、技术含量,同时企业拥有较强的市场力（池仁勇和胡淑静，2012）。

四、"三力"协同的内容（要素）

企业内部的要素协同指企业系统中的战略、组织、资源和文化四个子系统间的相互协调、配合，子系统或要素间存在关联性或互补性，要素系统的持续优化促使各部门间协调运转，减少冲突和摩擦，从而形成系统的有序结构和内外互动的自组织，提升企业对环境变化的适应能力，促使企业"三力"协同目标的实现。要素协同以战略协同为主导，其他各子系统协同发展，实现资源匹配、组织协调、文化协同以产生整体涌现效应的运作机理（吴际，2013）。

在代工企业不同的升级阶段，企业面临的战略发展目标不同，战略协同为企业的"三力"协同提供发展方向和目标，保证企业沿着正确的升级轨迹；组织协同则提供组织保障，保证"三力"协同的组织需求；资源协同提供"三力"协同发展所需的各种资源，协调企业内外部资源，推动企业升级；文化协同促使企业内部的文化环境和谐有序，扫清"三力"协同发展的障碍。根据以上分析，构建不同升级阶段企业因素的协同，如图6-7所示。

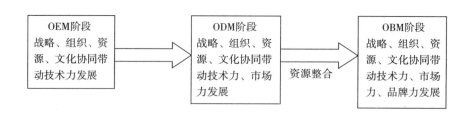

图6-7 基于不同升级阶段企业因素的协同

资料来源：笔者根据资料整理绘制。

从 OEM 阶段升级到 ODM 阶段,企业协同目标从单纯发展技术力到技术力与市场力结合,这个阶段市场力非常弱,企业能力主要以技术力为主,企业要素协同的目标侧重于快速提高产品研发和设计能力即技术力的发展。

从 ODM 阶段升级到 OBM 阶段,代工企业除了具备先进的生产制造和设计能力外,企业要全面提升渠道、客户关系管理、品牌管理能力(杨桂菊,2006),企业面临前所未有的能力挑战,企业要素协同效应帮助企业完成技术力、市场力、品牌力的"三力"协同,实现"三力"合力最大。

(一) 企业战略协同

狭义的企业战略协同是企业系统中最高层次的管理活动,是企业的顶层设计,直接与系统的使命、愿景、战略相关联,其本质是系统与内外环境互动、与环境变化的动态匹配能力,收集信息并加以分析以产生正确的战略决策(戴艳清和郭伟玲,2011),企业战略行为对环境的作用及适应环境改变而进一步做出的战略选择(陆园园和薛镭,2010),企业战略制定具有长期导向、前瞻性和风险偏好程度的特性(林正刚和周碧华,2011)。代工企业的"三力"协同需要在企业战略协同的指引下推动代工企业升级,不同层级的战略协同依据环境变化为代工企业"三力"协同提供长期导向、前瞻性的战略决策和发展方向。

根据以上分析,构建代工企业战略协同机制,如图 6-8 所示。

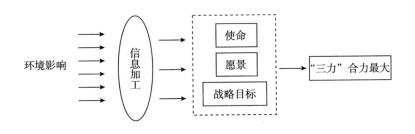

图6-8 代工企业战略协同机制构成

资料来源:笔者根据相关资料整理。

很多代工企业由于没认识到愿景对企业发展的作用，往往容易忽视企业愿景的建设，而随着市场开放程度的增大、国际竞争的加剧，愿景的作用越来越明显。代工企业在发展中经常会受到资源的困扰，可以利用愿景来影响企业内部的资源分配，协调企业的战略意图与现有资源及能力的关系。代工企业可以利用企业愿景影响员工的行为，不同类型的代工企业可以选择相对应类型的愿景，以使企业员工的个人行为与企业发展方向一致。比如富士康的企业愿景是通过提供全球最具竞争力的全成本优势，使全人类皆能享用3C产品所带来的便利生活，属于形象理念构建型愿景。愿景的设立让员工亲身体会到正是自己的辛勤工作，为社会提供了便利，置个人于社会大家庭中，可以增加企业员工的职业认同与企业认同，为员工树立所从事职业的美好理想，增强企业的凝聚力。

战略目标是人们通过实施特定战略，实现愿景，克服障碍而期望的结果，是企业实现愿景过程中阶段性需完成的任务。代工企业在制定"三力"协同的战略目标时，目标内容的设立要全面、系统，且兼顾技术目标、市场目标与品牌目标的综合，要着眼于未来的发展，体现三类目标在企业中的战略地位，三类目标要主次分明、层次泾渭，不同的发展阶段适时调整战略重点。代工企业战略目标的设定要保证各分目标之间的一致性，确保彼此相互协同，避免起冲突，降低企业的效益。资源基础观认为，资源是企业生存的最基本条件，代工企业在初级发展阶段可以很容易获得廉价的资源，当发展到高级阶段，显示出对高级资源的匮乏。在开放性的环境下，代工企业的战略目标要明晰企业资源的优劣势，引导企业对高级资源的获取，同时利用战略目标合理配置企业的有限资源，确保分目标的实现，进一步推动企业的发展升级。战略目标要抓住对关键性资源的培育，把资源转化成企业发展的能力，实现企业阶段性目标。企业还要具有意识形态上的执行意愿，同时企业能整合内外部资源形成企业"三力"合力最大，才能逐步实现企业的战略目标，推动企业前进。

企业的战略协同要保证企业使命、愿景、战略目标三个层次的战略内容设计一致性，确保对"三力"协同的战略指导方向统一。企业的技术力、市场力、品牌力随着外界环境的变化，在战略协同的指引下，在企业发展的不同阶段，要调整"三力"协同的重点、方向，完成企业的升级目标。战略执行是将战略目标付诸实践的过程，控制机制在战略执行的过程中将"三力"协同所产生的实际效果与预定的目标和评价标准进行比较，发现偏差，及时调整，以保证"三力"协同的顺利进行。

（二）企业组织协同

企业"三力"协同目标任务的达成是由组织的各部门、员工、层级结构、流程设计、角色分工协同完成的，企业组织协同具有多维性、层级性、动态性的特点，连接、沟通、共享和互动是组织协同的前提条件。组织协同存在着正负反馈机制，协同效应既可以是正效应，也可以是负效应，如果企业组织机构设置不当，即使公司联合运作，公司的盈利能力有可能还不如单独运作时的盈利能力的总和。Mintzberg（1979）和 Pugh（1997）认为，组织面临的最重要问题是如何实施协调实现组织目标。本书认为，企业的组织协同的目标为"三力"合力最大化，代工企业的组织协同确保"三力"协同对企业升级的正效应，通过合理设置组织结构，促使机构间协同运作为"三力"协同提供组织保障。企业的组织协同内容包括协同化组织形式的选择、企业组织层级间协同和企业业务组织单元的协同。

1. 协同化组织形式的发展

信息化和网络化的快速发展，使代工企业与内外环境交互活动变得频繁，代工企业要实现"三力"协同的目标，便要更加强调企业组织结构的协同功能。当前企业组织结构在不断地调整、变迁，且呈现出柔性化和网络化特征，新的具有互动性及协同性的组织结构形式不断涌现，如矩阵式组织、学习型组织、虚拟企业、无边界组织、企业集团、企业集群、战略联盟、团队、动态性团队、流程制企业、商业生态系统等，这些新型的组织结构能快速适应环境变化，协调企业内外资源，消除部门、员工之间的抵触，协同互动性好，能够有力地发挥"三力"协同的效应。

代工企业可以根据"三力"协同的边界不同，选择不同的协同化组织形式。作为商业生态系统的组成部分，代工企业开始就参与了国际范围内的竞争，若要实现国际间的"三力"协同，则可以采取虚拟性企业、跨边界团队、战略联盟、无边界组织等形式；行业间的"三力"协同可以企业集群、商业生态系统等形式；企业内部的"三力"协同可以采取学习性组织、矩阵式组织、动态团队、项目团队、流程制企业等形式。代工企业采取特殊的协同组织形式或形式组合，以此提高竞争能力和工作效率，加强信息交流沟通而减少冲突，促进个体、团队和组织间共享和学习知识，增加组织的弹性，改变适应环境变化的反应能力，而这关键是促进代工企业技术力、市场力、品牌力"三力"协同的最大化。

2. 企业组织层级间协同

代工企业实现"三力"协同是企业内不同组织层级间组织成员共同努力的结果，企业组织层级协同从纵向分为组织、部门/项目和员工三个层次，是企业组织目标、核心价值观、组织管理、项目目标、工作目标在三个组织层次间的协同。组织层制定企业"三力"协同发展的目标与计划，提出公司升级的方向，并将目标分解到部门（项目）层级，在公司内得到部门（项目）、员工的认可，根据"三力"发展的需要配置组织资源，树立员工信心；部门（项目）层面发挥团队精神和全局观念，加强同级部门间的合作与交流，促使资源有效、合理流动，减少摩擦与障碍，为员工层级提供工作指导和培训支持；员工层级是组成组织的基本"细胞"，是组织目标完成的最终实践者，每个员工了解到各自在"三力"协同过程中的责任、任务与权利，具有主人翁责任感和使命感，发挥团队协作精神，主动提升与项目、目标有关的工作能力，积极完成"三力"协同目标的实现，推动企业升级。

3. 企业业务组织单元的协同

代工企业"三力"协同任务的实现需要将企业内的采购、生产制造、营销、研发、管理等职能部门的活动协同起来，即企业业务组织单元的协同，这些职能组成企业的有机整体。企业开发"三力"的活动在企业主要职能部门与跨职能部门间合作完成，只有实现跨职能部门的协同，才能真正达到"三力"协同的目的。

代工企业以产品内分工的形式参与全球价值链的竞争，处于价值链低端的代工企业的主要业务单元是生产制造，采购、管理等部门全力配合，以保证订单的交货时间、交货质量。代工企业沿着价值链升级到高级阶段后，企业实施创建自主品牌战略，市场力与品牌力的协同，需要通过营销部门和品牌部门的人员协作创造品牌价值。代工企业升级需提升品牌管理部门在企业经营中的核心地位，"三力"协同需以营销、品牌、研发部门为主导，联合其他部门，或者设置专门的部门、职务来消除工作中的抵触，以便协调组织间的资源与能力，共同开发企业的核心技术，整合产品销售渠道，树立品牌形象，建立品牌资产。

（三）资源协同

代工企业"三力"协同需要企业的资源为其发展提供保障。资源是企业能力的基础，代工企业的技术力、市场力、品牌力都受多个要素影响，能力的强弱取决于现有资源存量以及新资源的获取或积累的速度。资源协同指将企业内的资源（包括人、客户、财物、信息、流程）联系起来，强调资源间的协调和协作，消除协作中存在的障碍，实现资源利用最大化，将资源转化为能力，实现企业的"三力"协同合力的最大化。

根据系统学的观点，代工企业的资源在协同前处于无序的状态，表现为资源对"三力"的作用力方向不一致，对企业能力的推动力不足，没有达到最大化的状态。资源间相互协同形成序参量后，资源由无序状态变为有序状态，资源推动合力增大，实现代工企业"三力"最大化及"三力"合力最大化；企业资源协同作用也表现在发挥资源需求、稀缺性和可获得性三个方面的交互作用中，代工企业将公司稀缺性的资源转化为推动企业升级的独特能力（王国顺等，2006）。日本战略专家伊丹广之认为，企业只有使用隐性资源时，才能产生真正的协同效应，才能形成企业特有的能力，使资源成为顾客所需，不被竞争对手复制，为公司创造利润，其中，市场的扩散效益和企业形象共享的能力来自隐性资源的转化。

代工企业在发展初期迅速将劳动力成本、原材料成本优势转化为企业成长的动力，这种资源很容易被模仿、超越，竞争能力持续时间较短。而一些代工企业经过长时间的积累，具备了将资源转化为技术力的能力。代工企业升级的困惑来自如何通过资源协同创新转化为市场力和品牌力，代工企业资源协同的重点在于了解特定品质、利益、态度和网络形式的出现对消费者价值产生、存在、关系维护的影响，将企业资源转换成对消费者有价值的东西（包括产品、服务、个性、形象等）。秦津娜等（2012）总结了企业资源协同与能力提升的逻辑关系，如图6-9所示。根据以上分析，代工企业通过资源协同提升企业"三力"协同的策略包括：①重视协同资源的培养，资源使用时达到最佳的能量状态；②尽量发挥资源间的正向促进作用，尤其是影响核心能力的资源，实现资源的优势互补，避免制约作用；③发挥资源要素属性的协同作用，实现协同性资源的动态配置，促使资源要素效能稳定点不断提高；④识别企业的富余资源和制约企业发展的"瓶颈"资源，尝试资源的创新开发、组合，转化为企业特有的发展能力。

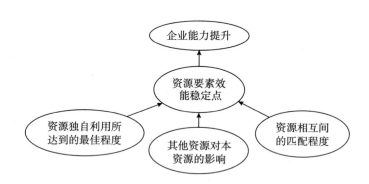

图6-9 企业资源协同与能力提升的逻辑关系

资料来源：秦津娜，丁慧平，邓超. 基于资源协同的企业能力提升机理研究［J］. 北京交通大学学报（社会科学版），2012（2）：66-71.

（四）企业文化协同

文化协同指企业内部的多种文化，包括主文化与亚文化的功能扩散、渗透和同化对企业效率和能力的影响，企业内部形成共同的价值取向、行为标准，塑造协同、共享文化，广义的企业文化指企业物质文化、行为文化、制度文化、精神文化的总和（刘光明，2006）。企业文化协同指企业的物质文化、制度文化、行为文化和精神文化协同，为代工企业的"三力"协同创造的文化软环境。企业文化协同效应指企业文化对竞争力的作用或影响力，也是企业谋求永续生存和发展的驱动力（聂清凯和赵庆，2008），是一种凝聚力、导向力、激励力、辐射力（戴月明和杨浩，2007）。本书认为，企业文化协同效应表现的是对代工企业"三力"协同的推动效应。

企业文化协同与企业技术力、市场力、品牌力"三力"组成企业升级的推动力，两者截然不同但密切相关，"三力"合力是企业表现出来的外显能力，对企业升级发展起着直接推动作用，这种能力组合以企业文化协同力作为支撑。企业文化协同力隐藏在企业内部，是企业发展的软实力，企业通过文化协同，从下至上在企业内部建立稳定的文化氛围，加强了企业的凝聚力，为能力发展提供了支撑。相同能力体系的企业，文化协同能力强的企业表现出更加稳定的组织认同感，企业中的能力与文化的契合形成协同效应，"三力"协同的效果更好。

代工企业一般规模小，组织结构松散，文化底蕴浅，员工缺乏对组织战略目标的了解和认同，文化协同可以帮助员工更好地理解和执行企业"三力"协同的战略目标内容，做到精神上理解，行动上支持。企业员工愿意同其他部门员工协同，共同完成组织的战略目标，文化协同对代工企业的发展显得尤为重要。企业的这种能力结构类似于冰山，由此本书构建出企业能力与文化协同力冰山模型，如图6-10所示。

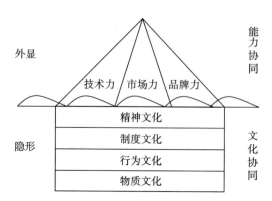

图6-10 企业文化协同与能力协同冰山模型

资料来源：笔者绘制。

代工企业实现文化协同可以通过以下策略完成：在企业内部培养共享文化，培养员工群体精神和合作精神，将企业"三力"协同的战略目标传输给员工，得到员工的认同和理解，并获取为之努力的信心和决心；在企业内部建立以"三力"协同工作为主导方向、群体群策、互帮互助的行为规范，鼓励员工在行动上保持与企业战略目标的一致性，鼓励员工跨部门沟通、跨企业沟通、跨行业沟通，加强行为自律，提升与工作发展相关的能力，主动学习，并对有利的知识进行扩散；企业对"三力"协同机制的运行提供物质保障，丰富员工的文化生活，搞好文化设施建设，对"三力"协同表现突出的员工在企业内部发挥示范作用，通过精神协同、物质协同、制度协同、行为协同将"三力"协同的企业发展理念层层落实。

五、技术力、市场力、品牌力 "三力"协同实现机制

企业管理协同实现机制是解决如何进行协同的问题，为企业协同行为

顺利进行肃清障碍、提供保障，进一步凝聚企业的向心力，提升协同效应。本书从利益机制、信息（知识）共享机制、沟通机制的角度为"三力"协同提供支持。

（一）利益机制

利益机制指在企业内进行合理的利益分配，减少利益冲突，完善对员工的有效激励，实现企业利益最大化，完成企业预期目标。利益分配完全依赖于目标达成、协同质量、工作绩效，贡献大，获利多。代工企业处于价值链的低端，企业的获利能力比较弱，代工企业必须合理地在企业内进行利益分配，有效激励各部门及员工的工作积极性，为企业发展提供动力。经前面分析已经知道，企业最终目标的完成有赖于企业内各部门和员工共同努力的结果，由于管理任务重要性不同、目标的完成情况及个体的差异性，会形成利益分配的冲突问题，增加管理成本，形成企业管理的负反馈机制，降低了企业的运行效率。代工企业要协调技术、营销、品牌相关部门、员工的利益分配，可以有效地预防管理协同中因冲突引起的不稳定因素，平衡各要素之间的利益关系，实现互惠、互利、共享的利益机制以促进内部协同关系，在提供企业稳定的运行环境的前提下，最大限度地激发员工的工作潜力，实现企业"三力"合力的最大化。

代工企业要形成三大部门（技术研发部、品牌运营部、市场营销部）协调发展的利益机制，本着公平、效率的原则在企业内建立完善的企业目标管理、薪酬管理、激励制度和评价体系，理顺企业利益分配关系，在企业内部实现利益协同，刺激企业系统资源达到最优配置；代工企业也可以物质激励、精神激励相结合，结合企业的战略目标采取层次性、倾向性原则，培养骨干员工的带头作用，鼓励有益的竞争，将利益分配转化成企业员工自我完善、自我发展的外在动力。

（二）信息（知识）共享机制

信息（知识）共享机制指企业通过一定的制度安排和信息共享平

台，促进企业内信息和知识的流动与共享，改变信息的"独享"为信息的"共享"，增加企业整体的知识存量。代工企业信息共享的内容包含管理信息及高层次的知识信息及成长所需的产品信息、技术诀窍、营销技巧、品牌管理技能。信息（知识）在企业内流动存在两种途径：知识转移和知识转化，知识的转移只是知识转化的前提。代工企业与国际大公司合作过程中，一些技术知识及管理经验流向企业，这些信息基本上是低端的技术信息，代工企业很难学到有关营销和品牌管理方面的知识，这些知识的获取只能通过另一种渠道——代工企业内部的信息转移、共享过程。代工企业个体能力及协同能力提升的内源力来自企业内知识转移及转化的能力。

大量的研究表明，企业内的信息（知识）共享是促进企业、个人的学习与创新能力与绩效的重要途径。代工企业面临着国内外的竞争环境及自身升级的压力，无论企业和个人，都需要不断地提升能力，但自身的知识储备往往有限，很难满足快速变化的环境需要。代工企业参与国际内分工的过程中，通过知识转移并没有提升企业的核心能力，反而使企业陷入了升级的陷阱。一些代工企业的技术力在合作中得到了提升，市场力和品牌力的发展受到了制约。代工企业中个体素质、能力是具有差别的，所接触的环境也不同，企业需要创造条件将存放在个体大脑中、电脑中、笔记本中的信息释放出来，在企业内流通、循环，有益的知识存量呈几何倍数增长，将个人知识和信息提升为组织的知识。

代工企业致力于打造学习型组织、团队任务型结构促进信息（知识）共享比较有效。也可以构建新的组织结构（Knowledge Base－Operational Level－Project Team，KOP），如图 6-11 所示，将企业内的信息（知识）共享和转化与组织结构相契合，促进知识从企业底层向高层逐步双向流通的过程，组织结构涵盖了知识基地、业务操作和项目团队三个层次，KOP 模型在实际操作中比较有效。

企业在内部搭建促进信息（知识）流通的技术平台，明确企业知识管

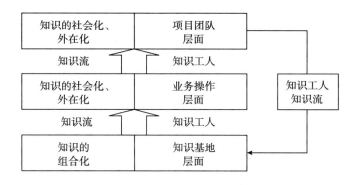

图 6-11　组织内知识共享与转化的 KOP 模型

资料来源：薛捷，李岱素．知识管理：理论与实践［M］．广州：广东经济出版社，2009．

理者的职责或设立企业知识主管（CKO），形成高创新弹性的企业文化氛围，建立信息共享系统，完善相关管理制度及激励机制，即采取知识网络、会议和团队学习等传播手段。知识的转移机制也分为两种：以文字编码传播或嵌入工具形式进行的初级知识转移机制和以人际互动、嵌入规则和网络等形式的高级知识转移机制（聂正安和钟素芳，2010），广泛使用工具媒介、文字媒介和口头媒介等类型媒体工具，口头媒介使用频率较高，可用于独特技能、经验、直觉等信息的流通；文字媒体可用于文件、资料、手册、实验报告、专利、规则、程序等信息的流通；工具媒体则可用于产品原型、产品、仪器设备、制成技术的流通（汪克强和古继宝，2005）。

（三）沟通机制

沟通机制指为使企业内部门、员工更好地协同合作而采取的一切交流和沟通的方式。代工企业在实现"三力"协同的过程中，沟通机制是企业的催化剂和润滑剂。良好的沟通机制可以做到企业发展战略与部门发展战略的协调，促进与"三力"发展相关联的部门及员工的沟通。通过彼此有效的沟通，减少管理中的冲突和管理障碍，及时处理问题，增加员工间的信任程度，提高专业技能及团队精神，完成企业的发展战略；有效的沟通对加强企业员工对战略目标的理解，促进员工利益与集体利益的一致性，降低管理协同成本，都具有重要作用；有效沟通可以促进企业内互动性的信息交流，形成和谐的人际关系。

有效的企业沟通需具备畅通无阻的沟通渠道作保障，企业可采取双向沟通的方式，为管理沟通提供适当的信息工具和环境，建立与企业发展战略相符、兼顾多种沟通方式和个体心理特点、广泛适用新媒体的沟通渠道，渠道建设应具备多样性、方便性、覆盖范围广、快捷的特点。代工企业的所有价值活动，包括产品研发到市场销售，与国际合作方的交流，中间涉及诸多的环节和过程，需要有畅通的信息交流和反馈机制以确保信息传递的准确性。企业应鼓励员工积极参与企业的管理沟通，启发员工的创新思维，多发表有关企业发展和工作中的问题和看法，与他人分享工作经验和知识，形成良好有序的沟通环境。

代工企业建立基于员工个体、团队、学习型组织的多层级、开放式、相互信任、相互协作的组织文化，勇于打破组织结构障碍、心理障碍，鼓励员工跨部门沟通。协同的本身是一个带有目的性的沟通过程，协同的目的是促使双方或多方合作，形成良好的沟通机制，可以减少企业能力协同主体之间的摩擦，还可通过沟通发现协作中存在的问题，探测对方能力、知识的需求，共同商讨解决问题的策略。部门间实行敞开办公区域，集中在一个公共区域办公，企业内部安装使用即时通信软件，有问题即刻解决，管理阶层实行走动式管理，以便随时解决员工工作中的疑惑和问题。

六、本章小结

本章在前文研究的基础上，研究了代工企业沿着全球价值链升级过程中技术力、市场力、品牌力"三力"协同的发展规律。"三力"协同发展是推动代工企业升级的内在推动力，代工企业"三力"协同呈现出动态演化的规律，在企业发展的不同阶段因企业发展战略的影响致使力的大小呈现出不均衡性，"三力"合力最大是企业协同发展的目标。"三力"间首先表现为两两之间的互动与相互促进的关系，技术力与市场力的互动，市场力与品牌力的互动，技术力与品牌力的互动，继而受到企业环境中相关因素的影响，致使"三力"间形成互动，依赖封闭的循环联动模式，形成"三力"螺旋上升的成长曲线。"三力"协同的实现需要依靠代工企业内部诸多要素的协同，首先是企业在战略层面要做好协同，指引企业发展的方向；企业需协调各部门、人员之间的协同，打造学习型组织，消除组织之间摩擦与抵触；企业要实现人、财、物、资金方面的协同，为"三力"协同发展提供资源保障和支撑；在企业内创造"三力"协同的企业文化，依靠企业文化协同的实力衬托起"三力"的发展。企业通过完善利益（激励）机制、信息（知识）机制、沟通机制来保证以上企业内协同行为的实现。

第七章

全球价值链分工下的驱动力的培育策略

一、技术力的培育策略

因技术经验、知识及创新能力的不同，导致价值链上的技术权力不对称，拥有技术权力的企业利用技术协调和管理价值链的其他成员，影响其他企业的技术发展和战略制定。前面的实证结论验证了本书代工企业升级机理的理论推理，技术力是推动代工企业升级的重要动力。代工企业结合企业发展的实际情况，形成企业的技术力。代工企业发展技术力的策略如下：

（一）技术权力

技术权力是技术领先企业利用技术领先优势形成的控制权力，与落后企业形成技术上的势差。代工企业要减小与跨国企业之间的势差，就必须确定自己的技术战略，加大企业核心技术的研发投入，持续投入大量的资金为技术发展提供财力、智力支持，完善企业的研发机制，吸引技术人才，保持技术创新的速度，通过长期的技术积累，提升企业自主研发、创新的能力，将企业的核心技术转化为技术权力。代工企业自身只有不断的发展壮大，才能有足够的财力资源持续支持对企业技术权力的提升。

代工企业采取开放式创新模式，从管理创新与技术协同的角度出发，以企业内外部管理创新联动，推进企业的核心技术创新，达到最佳的创新效果。内部管理创新以内部变革为主，如研发管理创新、管理方法创新、组织结构创新及制度创新等，外部创新主要指加强外部联系而进行的关系管理的创新，这两种创新模式有利于推动企业的核心技术创新。代工企业根据发展的不同阶段，合理配置企业的资源，动态化协同核心技术创新和管理创新。

代工企业通过参加核心技术联盟提升企业的核心技术。核心技术联盟是一种新的组织创新模式，是一种松散的网络型组织，是企业与竞争对手所组成的竞争性合作组织，成员企业因共同发展核心技术的目标，达成联盟经济利益最大化，联盟成员间没有强制约束机制，进出门槛低，合作体间也存在利益冲突和矛盾。核心技术联盟往往以大企业引领核心技术发展方向，小企业围绕大企业获取技术外溢，充当联盟的非核心企业。通过核心技术联盟构建合作创新平台，集中配置企业的内外部科技资源，促进具有自主知识产权的核心技术研发，通过联盟中核心企业和非核心企业的技术互动，为联盟中成员企业的核心技术成长提供动力保障。

（二）组织学习能力

组织学习能力影响着代工企业技术力的构建，代工企业在升级过程中，企业可通过学习提升技术力竞争优势，这种强劲的学习能力必须贯穿整个升级过程且呈现逐渐增强的态势，是企业升级的内在推动力。学习能力是企业获得、消化吸收和利用外部知识及共同开发运用内部知识的能力，企业在发展的不同阶段，灵活运用不同的学习方式构建技术力。在价值链的低级阶段，代工企业在干中学，利用契约关系中的技术转移学习跨国企业的技术，此阶段，代工企业提高信任关系与合作的沟通能力，尽可能有效地转化、内化客户的先进技术、知识和经验。在中高级阶段，代工企业采取用中学、互动中学与企业自主学习相结合的方式提高技术力。

代工企业的学习意愿、知识转移机制、学习环境、激励机制、领导风格等是影响知识吸收、知识创新、学习能力提升的重要因素。企业的高层管理者要高度重视组织的学习氛围的建设，并愿意投入资金促进企业员工学习能力，在公司内部形成强烈的学习氛围，营造创新、高效的领导文化，调动员工的学习意愿与热情；企业内部设置学习机制，制定激励措施，刺激与推动员工的知识学习、知识分享与整合，提升企业的技术力；企业可以设定比较高的技术发展标杆，激发员工持续学习的动力与热情，促进外部知识的学习及隐性知识的转化；构建有机式组织机构，采取跨职能部门培训、参与决策、工作轮调等方式，加强企业水平沟通，促进知识的快速流动与整合。

代工企业的知识管理能力会影响组织的学习能力，企业要重视知识获得、知识整合及知识创造等一系列知识管理活动，这些活动都会对企业学习能力的提高产生显著正向影响。企业有意识扩展信息的来源渠道，评估现有合作伙伴关系中知识获得性，积极寻找能够弥补知识资源新的伙伴关系，努力克服知识获取中的障碍因素，建立开放性的关系网络。在企业内部加速知识流通，提高员工的先验知识和学习努力程度，对交流、分享的知识进行消化、吸收和整合，转变为企业的知识储备。代工企业的知识创造能力不强，企业要鼓励员工从企业外部网络抽取知识进行知识创造、创新，将知识资源转变为创新能力，开发新产品和服务，为企业创造价值。

（三）专利技术、专有技术的知识产权战略

代工企业要积极参与国际环境内的知识产权竞争，代工企业要关注知识产权的申请、管理与保护，也可以通过技术引进、购买产权等形式，提升企业升级的技术力，通过知识产权保护与申请专利保护企业的创新成果，保持企业的技术力不被侵犯，通过申请外围专利、组合专利，形成对核心专利的反包围，实现专利技术突围。从初期阶段起，加强知识产权的申请与保护，在价值链的中高级阶段，运用多种专利策略提升技术水平。

产业、企业之间的技术竞争有时表现为标准竞争，标准往往代表着一个行业的技术水平，也是国际跨国企业以专利池、专利隐藏、专利俘虏等方式进行技术锁定，进而形成市场控制和垄断的重要手段。代工企业在技术标准竞争中，要打破跨国企业已在该领域形成的技术围堵、技术封锁，打破长久以来所形成的技术依赖情境，要积极参与和竞争、标准有关的技术活动，包括产品、工艺规划的制定，产品、行业标准的制定权与参与权，以期成为产业的主导标准。国内一些代工企业的技术水平与跨国企业是比较接近的，这时的代工企业可以通过创新商业模式的方法提升商业化程度标准，利用国内的对外投资、贸易优势，形成标准竞争的市场优势。

坚持走"技术专利化、专利标准化、标准垄断化"的道路以提升技术力。领先的跨国企业利用技术标准进行价值链治理、获取垄断利润、巩固技术优势。代工企业可以通过在某一领域的技术优势，争取参与、制定技术标准，企业采取相应的战略支持技术标准的执行，如向其他企业放开技术标准，或者以技术标准联盟这种目前国际标准竞争中企业最常采用的策略，参与、控制技术标准的竞争，以市场为导向发挥技术标准、知识产权保护、技术创新协同发展。

二、市场力的培育策略

代工企业拥有市场力，产品定价远高于边际成本，会为企业的发展提供财力保障。创新能力是代工企业提升市场力的源泉，可以保证代工企业的产品暂时不会被模仿或超越。创新能力较强的企业，产品更新速度快，与竞争对手在市场竞争中互动节奏明显加快，在营销网络构建方面具有突出的能力优势。企业在发展的不同阶段，可以采取不同的创新方式。

在价值链的低级阶段，资源、资本有限，可以采取模仿创新、技术引进等创新方式促进企业的发展；在价值链的中、高级阶段，代工企业可以灵活运用自主创新与合作创新相结合的方式，创新营销模式、营销方法而推动市场力的构建。

（一）通过对终端、中间渠道的控制提升市场力

渠道控制转移理论认为，渠道控制权力会随着产品周期及产业的演化，技术扩散和市场扩张的过程，由生产者控制转向零售商控制。在产品及产业发展初期，生产商凭借技术垄断、技术创新和稀缺资源在产业链上具有优势，而随着生产竞争的日益激烈，卖方市场的格局被打破，形成买方市场，零售商凭借与消费者最接近，拥有了更多的话语权和渠道控制权。

代工企业要提升渠道控制力，需加大研发投入，提升创新能力，提升中间品、终端产品的关键核心技术，提高产品的附加值，提升对中间渠道、终端渠道的影响、控制力；代工企业可以通过了解终端消费市场的未来发展需求，开发新产品，拓展产品功能，引领消费潮流，形成卖方的市场势力，增强与渠道商的讨价还价的能力。

通过并购、直接收购渠道相似的品牌，直接进入销售终端。并购可以降低原有消费者对新生品牌的认知和接受，减少消费者负面、抵触的情绪，也可以为企业节省大量的渠道建设费用、人员管理费用，能够迅速占领市场，取得时间上的竞争优势，减少了同行的竞争对手。

（二）适度调整企业规模，利用规模效应

代工企业在发展的过程中需要有一定的规模，只有在达到一定规模的情况下才能实现规模经济性，代工企业规模扩张应遵循以下原则：企业人数的扩张要适度，销售规模扩张要兼顾产品质量和成本效益，在生命周期不同阶段，应根据环境变化对企业规模的"大"与"小"进行合理选择。

代工企业可以利用掌握的技术装备、信息、智力资源等核心能力跨越

组织边界，与其他企业组建中间形态的网络组织，如虚拟企业、企业簇群、战略联盟、企业集团等形成，企业间可以优势互补，协同研究开发、购买等活动，形成虚拟的规模效应。网络组织成员间要加强合作意识，互相信任，发展成员间的增值伙伴关系；代工企业可以通过加入企业聚群来降低对外投资的风险，实现分工协作，产生规模效应。在企业集群环境中，通过价值链的核心环节"点"的集中突破而带动业务"面"的发展，强化企业的市场优势地位，把非核心环节的不具有优势的部分分离出去，与外界协作、竞争共存，保持企业的动态联动性。

代工企业利用规模效应提升市场力时，要考虑不同的行业类型对边界效应与规模效应的双重影响，对于资本、技术密集型行业，可以利用自主创新和赶超战略发挥规模效应，如高科技产业的信息产业等；对于价值链低端的中高技术含量类型企业，要结合比较优势与规模效应相结合的原则；资源与劳动密集型不适合于规模效应，应通过开发国内市场来提升市场力。

（三）采取品牌租赁、渠道共享、战略联盟等形式扩展市场力

代工企业在实现品牌国际化和区域扩张过程中，品牌租赁、渠道共享、战略联盟这些方式既可以降低风险，又可以降低成本。

通过与价值链上的其他企业形成战略联盟，企业之间形成战略伙伴关系，利用计算机联网和电子数据交换系统平台实现信息共享，实现企业双方激励相容，从而降低生产成本，提高运营效率，提升对整个价值链的控制力。战略联盟的形成方式多种多样，有以产品为纽带的向后垂直型的企业联盟，也有以销售为中心的向前垂直型的企业联盟。企业联盟由核心企业负责研发、生产或销售环节的功能，其他企业以分工的形式参与协作，拥有生产技术资源的代工企业可以通过拥有的关键资源组建、参与企业联盟，简化重复性交易，降低交易费用、交易风险，可以与下游的销售类公司合作提高销售额。通过与渠道网络的销售企业组成联盟，形成优势互补，代工企业可以缓冲与降低营销投资的风险，通过与联盟成员的合

作，代工企业可以从中吸取营销管理的经验，为企业后期独立开辟营销渠道积累了实战与理论经验。

品牌租赁是代工企业通过向品牌渠道拥有方签约租赁品牌渠道有限使用权的一种方法，品牌租赁是一特殊的产品销售方式，代工企业在签约期可以利用现有渠道将其产品输送到消费者。代工企业进行营销功能拓展时，现有的产品类型在市场上已形成了成熟的市场网络，当企业资金实力不足没有办法通过并购取得渠道所有权，或是渠道拥有者没有出让品牌渠道的意愿时，代工企业可以采取品牌租赁的方式获得一定时期的经营权，是一种重要的渠道资源整合方式。代工企业在品牌租赁期间，负责产品的生产，同时将自己的产品在授权方允许的特定区域内进行销售、促销及售后服务工作。渠道租赁比较适合有财力资源的企业进入竞争激烈的市场时所采取的一种过渡形式，待企业对市场比较熟悉之后，可以整合资源独立开发市场。波兰 Vistula 服装品牌通过租赁意大利服装品牌建立分销渠道实现了自主化的道路。

联合品牌策略是指企业具有共同的目标消费群体，两个品牌具有相当的营销规模、一定的市场声誉及产品或其他方面的互补性，通过品牌渠道联合实现利益共享，达到营销渠道协作的最佳状态。渠道的合作成员通过相互协作获得价值增加值，而渠道成员在渠道环节各自独立经营自己的产品，同时企业间又相互沟通以共同开拓新的获得方式，生产商和渠道拥有者通过共享资源共创价值，而渠道成员可以在专业水平上形成互补，通过共同渠道开发完成渠道销售额的经济指标。品牌联合可以给企业带来的利益包括：因其产品的互补性的前提，产品在渠道开拓中不会产生利益冲突，互补性的产品联合又将双方的核心技术协同整合共同服务于同一个市场，顾客价值得到了提升；品牌声誉和品牌内涵相似的企业在共同进行品牌传播时，不会影响双方的品牌形象的建立与发展，不会影响消费者对品牌的态度与联想，双方的致力合作可以强化客户忠诚，共同提升品牌价值。品牌联合可以为企业带来更高的经营效率，选择合作品牌时，要注意品牌双方的品牌文化的匹配和相似性，代工企业在拥有区域或地方市场的前提下，可以利用品牌联合策略，寻找合作品牌，建立基于利益共享的营销渠道策略，提升企业的市场力。

三、品牌力的培育策略

品牌管理机制、品牌关系、企业家创新精神是影响品牌力的重要因素。品牌管理机制是提升品牌力的组织保障，代工企业需在发展中完善品牌管理制度，确定品牌战略的核心地位，或者专门成立品牌管理部门。跨国大公司都会设立高权的品牌管理部门，高权意味着品牌管理上升到企业战略管理的高度，在企业运营中居主导地位，高度统一企业资源来管理品牌。

品牌关系更多地涉及管理品牌与消费者的关系，现代营销理论认为，品牌管理以消费者利益为中心，而非以企业利润为中心，国际大品牌的长青基因来自长期对消费者的研究与论证。代工企业要善于处理与消费者的关系，及时化解品牌危机，赢得消费者的信任与承诺，在与消费者良好互动中渐进提升品牌力。

代工企业高层领导者的创业精神是其构建品牌营销能力的另一重要因素。在价值链的低级阶段，企业家创新精神促使企业在代工关系中不断寻求发展机会，维持企业的运营与发展。当代工企业要摆脱俘获困境、自创品牌时面临着很多不确定性因素，因此需承担较大的经营风险。具有创新精神的企业家才会在巨大压力下带领企业不断发现机会，整合企业内部的资源及文化，发展自主品牌。同时，企业家异质性特点及其在经济活动中的核心地位，可以配置、操控、整合企业内的人力和物质资源发展品牌，承担企业的发展责任和社会责任。

（一） 实施战略品牌管理

品牌的创立、发展与维护是一项长期的工程，代工企业首先具有创立品牌的愿望，克服品牌管理经验缺乏的恐惧心理，摆脱品牌客户的制约，合理规划企业资源，建立健全企业内部品牌管理机制，利用企业内外环境中有利因素，实现自创品牌及品牌的逐渐升级。

1. 品牌规划

代工企业应制订战略品牌规划，树立品牌意识，利用战略管理工具发现企业发展的市场机会及隐藏的运营风险，运用品牌经济学的方法塑造品牌。发展国际品牌的企业还需要了解跨文化的国际市场的环境变化，因地制宜地制定相关的品牌策略。品牌力的提升对于代工企业的资源与能力要求较高，是一项长期化的品牌投资决策，企业在发展不同阶段完成资本的积累与筹措，提供企业发展的能力需求，适时推动品牌升级。

代工企业发展自主品牌路径有两条：一是依托贸易出口做国际品牌，二是依托国内市场需求的发展做国产品牌，代工企业没有自己的品牌，无论是研发设计还是品牌营销能力，都逊色于市场中的成熟品牌，代工企业应根据企业的能力现状规划适宜的品牌发展路线。若发展国际品牌会遭遇国际大买家的围堵，品牌成长速度较慢，而国内市场虽然竞争也激烈，但可以利用本土化的消费市场的优势及相关政策的支持。若企业生产与技术能力较强，则具备较强的市场竞争能力，且可调备充足的资源发展品牌，若企业的领导者愿意冒险激进，可以选择较难的品牌发展战略。

2. 品牌管理机制

代工企业的品牌机制包括品牌管理制度与专门的品牌管理组织，是企业发展与提升品牌力的组织保障。完善的品牌管理制度，能够规范企业员工的品牌行为，深化品牌意识，树立企业品牌文化环境，传递统一的品牌形象；专门的品牌管理组织是品牌管理制度得以实施和执行的基础，传播品牌管理规划与品牌管理经验，培养专业化的品牌管理人员，明确品牌管理职责与权力，提升战略品牌管理的执行地位，根据战略规划组建相应的组织架构与执行方式，高效地完成品牌发展计划。

3. 品牌战略定位

代工企业生产的产品已经成功地进入终端市场，代工企业自主生产产品的品牌定位必须树立一个明确区别于已有产品和竞争对手品牌的品牌形象，在消费者心目中形成独特的品牌形象，重新改变消费者的心智排序，占据一个有利的位置。自主品牌在品牌定位、品牌形象、品牌个性方面要明显区别于竞争对手的品牌，才有机会迅速提升品牌的知名度、美誉度和忠诚度，扩大品牌的影响力。企业要敏锐地察觉消费者需求改变的方向，准确地预测未来的发展趋势，从产品功能、情感、价值观各个层次满足需求变化。

代工企业要取得目标市场的竞争优势，应认真进行市场细分和市场定位，结合企业的能力状况，进行目标市场定位，企业可以在市场细分的基础上，缩小目标市场范围，提高产品和服务质量，在细分市场赢得市场声誉后，逐步打开其他市场，品牌影响力也随之扩大。

（二）发挥企业家创新精神

企业家是企业资源配置中的重要资源，在企业的经营活动中处于核心的领导位置，可以对企业内的其他资源进行配置与管理。创新是企业家精神的核心，具有异质性的特点。代工企业发展自主品牌时，风险与机遇并存，需要发挥企业家精神调动企业的资源，集中力量发展品牌。企业家创新是通过过程创新、市场创新、产品创新、要素创新以及组织创新等形式，配置优化创新要素。中国台湾的巨大公司为美国 Schwinn 作代工生产自行车，在台湾地区自创品牌时，当时台湾自行车行业领先企业非此一家，而只有巨大公司具有敏锐的洞察力，创立自有品牌。自此，巨大公司以台湾市场为销售试验场，继而将产品推向美国，风行欧洲。企业家创新精神的构建可从以下方面展开：

（1）构建文化、机制、协同的管理系统，培养企业家的创新精神、效率精神，培育良好氛围的创新文化，或在特殊阶段引进具有创新精神的管理人员，或实施注重技术、市场类型互补的"激励相容"人才策略对企业实施创新管理。

（2）发挥企业家创新精神，创新企业发展路径。从代工生产到自创品牌的代工企业功能升级，企业家要利用创新精神带领企业在动荡的市场变化中，不断寻找提升企业能力的机会，企业家根据市场的变化及需求相机选择创新路径，根据宏观经济周期的变化选择企业战略联盟。尤其是当外部环境发生变化需自创品牌开拓国内外市场时，企业家会毫不犹豫地整合企业的内外部支持企业构建品牌营销能力。

（3）发挥企业家冒险精神、执着精神。代工企业品牌化的决策，需要企业家胸怀挑战未来的决心和勇气，较高的抱负水平，在竞争中求胜的精神和永不服输的心态。品牌化战略为企业的持续发展和竞争优势创造更好的条件，为企业的发展提供更广阔的空间，通过学习发展带来新的发展机遇。品牌化的战略意图因超出了企业的发展水平，造成企业资源的紧绷，在绩效达不到预期水平时产生危机。在危机面前，需要通过决策者的反应，推动组织的学习，稳定企业内部各级之间的行动方向和目标一致，激发企业超水平发挥能力。企业家的冒险精神，使企业处于动荡的发展环境中，企业时刻面临着竞争和威胁，更能激发员工的斗志和凝聚力。在企业内部塑造勇于创新、挑战的组织环境，加强意志培训、文化贯通，促进企业员工的流动与外部人才的引进。

（三）满足与开发客户需求，创造顾客价值

代工企业应利用品牌差异化的定位策略，对消费者进行市场细分，利用科学的方法研究、跟踪消费者的需求变化，及时改变企业营销策略，满足消费者的需求，提升企业品牌力。品牌经济学观点认为，企业厂商需求曲线的位置决定了企业的品牌价值，在既定价值条件下，随着品牌信用度的提升，品牌需求曲线不断向右移动，企业的市场份额逐渐增加。价格促销并不适合实施品牌化战略的企业，会减小企业的利润空间，品牌企业要提升品牌管理水平，加强对消费者的影响力，提升品牌价值。

1. 深化与消费者的品牌关系

品牌力的评价往往建立在以消费者感觉为基础的主观评价上，国内外知名品牌十分注重消费者与品牌之间的互动，强化消费者品牌体验，逐步改变消费者的认知、态度与品牌忠诚，由品牌忠诚上升至消费者的品牌依恋、品牌至爱。消费者的自我建构是影响品牌价值的重要因素，企业应重视消费者的情感效应和广告诉求的框架效应，设计理性或感性的广告方案，利用情境信息，逆转或转移消费者偏好。

重视创建非凡的顾客体验，将顾客体验贯穿于品牌关键接触点，在营销策略的各个环节如产品、价格、广告、服务、促销等工作中，提供完美的顾客体检，留下与众不同的品牌沟通经历。品牌的体验活动带给消费者轻松、愉悦的消费体验，通过娱乐化的体验活动传播品牌文化，在品牌互动中提升品牌价值，体验活动的设计要满足消费者自我能力的展示，在活动中强化个人的能力和形象，形成心灵的沟通和自我价值的体现。

2. 差异化

美国品牌管理专家科特勒认为，品牌的差异化来源于更多广泛的渠道：包括产品的差异化、购买方式的差异化、品牌服务的差异化、价格的差异化、品牌形象的差异化。过去的几十年，中国的品牌价值受发展中国家的原产地影响较大，随着中国自主创新能力的增强，这种影响逐渐化解。代工企业来自发展中国家，企业要获得持久的品牌差异化，应不断进行技术、管理创新，抓住市场变化中的新的空间，避开原有品牌的竞争领地，在既有的市场中挖掘新市场。

代工企业凭借资源优势追求经营效率的基础竞争而陷入价格战，从长远看，在低层次的竞争中，代工企业的资源损耗更不利于企业的长期发展，应避开已有产品市场所熟悉的竞争领域，开展新的竞争方式和格局。代工企业创新的本质在于技术创新、服务形式和品牌形象创新，实现垂直和水平差异化，在高水平品牌关系情境中，拉近与消费者的距离，提升品牌价值。

（四）发展 B2B 品牌

代工企业的功能升级是制造企业必须面对的现实，品牌升级的途径从 B2B 加工或制造跳跃到 B2B 的品牌塑造，成就中间品、要素品牌化生产企业，该过程符合 OEM 企业升级到 OBM 的路径，企业竞争的重点从低成本获取竞争优势转移到凭借企业的功能性价值提升对价值链下游客户或最终消费者的重要性。无论是 B2B 品牌，还是 B2C 品牌，都需要企业有强烈的品牌意识和品牌化的能力，以及企业升级的主动性。世界许多著名的知名品牌，如 IBM、甲骨文、杜比降噪等都是 B2B 品牌，这些企业品牌资产来自企业顾客或消费者市场，非常重视对 B2C 市场的跨位倾向营销，与终端顾客的直接沟通。代工企业发展 B2B 品牌，与发展 B2C 品牌相比，可以减轻全面功能升级的压力，在企业现有技术支撑下，主要完成营销、品牌功能的升级，同样可以沿着价值链的微笑曲线向上攀爬。

（1）代工企业加大对消费者市场投入力度，强化企业的材料、元素和部件等构成要素在终端产品中的重要作用，提升消费者对产品的认知和偏好，在消费终端形成基于 B2B 品牌的产品购买力，扩大企业品牌的影响力。

（2）代工企业可以与下游企业顾客合作，参与企业服务、售后的一些环节，帮助企业顾客完成产品的销售工作，或是展开联合营销，共同进行人员促销、广告传播等，与企业顾客共同服务消费者，彼此的合作既分担了营销成本，也提升了代工企业品牌的影响力。

（3）有品牌化能力的代工企业可以通过差异化的产品营销，在终端消费者市场进行品牌推广，企业在生产工业品的同时尝试生产终端消费品，这也是传统的代工企业升级路径。

四、本章小结

本章提出了代工企业培育"三力"策略。技术力的培育包括技术权力、组织学习能力、专利技术、专有技术的知识产权战略的培育。市场力的培育包括通过对终端、中间渠道的控制而提升市场力、适度调整企业规模，利用规模效应、采取品牌租赁、渠道共享、战略联盟等形式扩展市场力。品牌力的培育策略包括实施战略品牌管理、发挥企业家创新精神、满足与开发客户需求、创造顾客价值、发展 B2B 品牌。政策建议包括技术创新政策、自主品牌化政策、人才建设政策、财税扶持政策、金融支持政策、培育企业家精神的政策措施。

第八章

研究结论与展望

一、主要结论

代工企业是一种特殊的企业组织形式，因其组织结构的不完整性，嵌入在其他企业的低端环节。代工企业对社会的经济发展起到了重要的推动力，它整合社会的低端要素，转化为生产力，促进了社会就业和对外贸易的发展。代工企业在合作交流中既可以提升一定的生产、制造水平，积累了企业发展资金，也开阔了企业的视野，相比新创业的小企业具有优势。大多数学者从对外贸易、投入产出及企业能力的视角对代工企业的升级进行研究。本书选择从企业权力的视角探讨代工企业自主创新、自创品牌问题，利用扎根理论方法提炼出推动代工企业升级的"三力"，分别是技术力、市场力和品牌。在实践中，代工企业也会主动寻求升级的策略，但面临巨大的压力和对未来的不可测性，在战略执行上缺乏信心。基于此，本书以来自苏州、无锡、中山、深圳、惠州等多地的代工企业的 292 份问卷为样本，应用 SPSS 和 AMOS 软件实证分析了代工企业技术力、市场力和品牌力对代工企业功能升级的影响关系，选定信任关系和制度环境为调节变量，选定核心能力为中介变量。本书在自变量为代工企业技术力、市场力和品牌力，因变量为代工企业功能升级、中介变量为信任关系和制度环境及调节变量为核心能力显著性验证性因子分析的基础上，对代工企业技术力、市场力和品牌力与代工企业功能升级的直接影响效应进行了探讨，并对信任关系和制度环境在代工企业技术力、市场力和品牌力与代工企业功能升级的中介作用进行了研究，同时研究了核心能力在代工企业技术力、市场力和品牌力与代工企业功能升级的调节作用。据此，本书得出如下研究结论：

结论一：本书通过定性研究确定了技术力、市场力和品牌力是推动代工企业升级的驱动力。技术力是企业凭借技术优势获取的影响力、强制力，代工企业可以通过技术创新、制定技术标准形成来提高企业的技术力。市场力是代工企业在市场中的影响力和控制力，代工企业在升级过程中采取差异化的渠道策略、规模化经营等方式获得较高的市场力，形成市场主动权。品牌力是基于顾客的品牌力量，代工企业在经营中始终把建立品牌作为企业发展的目标，增强与消费者的互动与沟通，在消费者心目中树立良好的品牌形象，从而尽量缩小与领导性企业间的差距。

结论二：代工企业技术力、市场力和品牌力对企业功能升级的影响，受到企业与网络成员信任关系的调节。深入研究发现，信任关系的调节作用的显著性与推动力的属性差别而有所不同，信任关系对技术力与代工企业功能升级的影响并不显著，这与代工企业长期的对委托加工实现升级的认识相违背，也证实了相关学者的研究结论，进一步印证了代工企业目前的处境。因此，对代工企业来说，模仿技术与自主技术创新的区别在于建立广阔的信任关系网络，而不能局限于对跨国企业的技术方面的信任与依赖；信任关系对市场力和品牌力与代工企业功能升级的影响显著，但对二者的作用强度稍有差别，并且信任关系的作用系数都比较小。信任关系能够改变代工企业与合作方的沟通情境，从而帮助代工企业获得更加有利于功能升级的信息。代工企业的市场、品牌功能基本没有或较弱，信任关系在此情况下很难发挥促进作用，随着企业功能不断完善，顾客忠诚度和品牌知名度的提高，代工企业有机会与更优质的外部资源合作，吸引优秀的技术、市场方面的人才。信任关系的调节作用会体现在企业升级的诸多方面。

本书证实了制度环境能够调节代工企业推动力与功能升级的影响。制度环境的建立来自法律、文化、经济、政治、科学技术、金融等方面，从国家到地方政府的立体式管理，在不稳定的外部环境下，制度环境显得尤其重要。适宜的制度环境可以为代工企业提供升级条件、方向指导、减少企业的升级阻力，缩小与跨国企业的差距。具有强烈升级意愿的企业对制度的依赖性更强，主动地利用制度环境的有利因素，塑造企业的能力，制度环境的作用由拉力变成推动力，政府也会通过制度来改变企业升级的意愿，促使相关政策的落实比预期更加有效。

本书利用代工企业调查问卷实地调研发现，代工企业的技术力和市场力对企业功能升级的作用受到制度环境的调节作用显著，路径系数非常小，说明对代工企业功能升级的作用较弱。代工企业已经受到了来自制度的影响，应充分利用自身的条件进行功能升级，制度的有效性还取决于制度执行的力度和针对性，作用效果微弱说明一些制度不能因地制宜地满足不同企业的需求，或者制度与需求的衔接效果不理想；代工企业的品牌力对代工企业功能升级的作用受到制度环境的调节作用不显著，这也反映了当下大部分代工企业的生存现状，一方面，代工企业对于自主品牌的信心不足，因此相关制度无法惠及企业层面；另一方面，国家在推进代工企业品牌构建的指导和推动作用还十分欠缺，不能帮企业分担品牌升级的压力和风险。

核心能力的理论观点在代工企业层面并没有得到很好的认知，一些企业也会忽视核心能力的建设。本书研究发现，代工企业核心能力对技术力、市场力和品牌力对代工企业功能升级的影响具有中介作用，企业的核心能力越强，代工企业功能升级的效果越好，但针对不同的推动力类型，又表现出差异性。具体来看，代工企业核心能力对技术力相比市场力对代工企业功能升级的影响具有中介作用显著，表现为技术力和市场力可以推动核心能力的形成，核心能力的提高又可以作用于企业的功能升级；

代工企业核心能力对品牌力对代工企业功能升级的影响只具有部分中介作用，也就是说，品牌力可以推动代工企业核心能力的形成，但核心能力对代工企业功能升级影响不显著。产生这种现象的原因是，多数代工企业没有形成有力的品牌力，因此对核心能力的传递作用会迅速减化，由于缺乏品牌管理的功能，无法推动代工企业的功能升级。

结论三：企业升级是优化配置和利用企业内部的资源，转化为有利于企业发展的动力，把企业的内部条件和外部环境变化相结合，实现协同效应（潘开灵和白列湖，2006）。技术力、市场力和品牌力是代工企业在全球价值链升级过程中的主要推动力，"三力"在企业内部通过互动形成合力，实现推动力最大化的目的。"三力"协同互动的模型强调企业内的职能部门既要实现相关职能的最大化，要配合其他部门的合作，做到推动力在截面和动态都保持最大化。因此"三力"协同呈现出动态演化的规律，"三力"之间表现为两两之间的互动与促进，企业应在发展的不同阶段有效地平衡"三力"发展的状态，以适应内外环境的变化。"三力"协同互动的理论架构丰富了代工企业升级能力的层次，打破了以往代工企业功能升级只关注技术力和市场力的能力需求，代工企业可以通过品牌传播提升其在终端市场的影响力。

二、研究局限及研究展望

（一）研究局限

代工企业的功能升级问题是国内代工企业面临的现实问题，如何推动代工企业实现功能升级，缩小与跨国企业的差距是近年来研究的热点问题。本书以能力理论、权力理论、全球价值链等理论为基础，对代工企业技术力、市场力和品牌力对代工企业的功能升级进行了实证研究，得到了有益于企业升级的结论。但由于升级问题的复杂性及个人能力有限，依然存在着局限性。主要表现在以下两个方面：

一是样本选择范围的局限。虽然样本容量满足了研究的需求，但由于研究时间的限制，研究涉及的样本企业多来自广东、江苏等地代工企业进行调查研究。尽管这些地区的代工企业发展规模及速度高于其他地区，但通过这些地区代工企业获得的分析结论是否适合其他地区或中西部地区代工企业，或是转移到东南亚其他等地的企业，还需要进一步研究探讨。

二是研究方法的局限。本书的研究方法以问卷调查为主，利用相关的数据软件对获得的数据进行了统计分析，以此验证各变量间的逻辑关系；并结合制造业面板数据进行了制造业的升级地位的分析，验证了我国实施的政策对代工企业升级的影响。所采用的方法仅停留在对相关数据的统计与分析上，对代工企业的实地调研稍显不足，因此得出的结论也仅停留在理论层面上。在"三力"协同互动的研究中，可以结合典型案例或多案例研究互动效果，会对代工企业的功能升级更加具有现实的指导意义。

（二）研究展望

代工企业的功能升级问题的研究会随着国家政策的不断关注而得以继续关注，以往的研究为代工企业功能的研究框架提供了参考，针对本书的内容与局限，未来的研究可以从以下方面深入展开：在后续的研究中将样本范围扩展到全国，尤其是关注产业转移到中西部地区和中西部地区的代工企业功能升级状况，在此基础上，进一步验证本书结论的正确性与适用性。也可以进行地区对比分析，了解代工企业功能升级的差异，为政策的制定提供针对性的指导；丰富研究方法，结合扎根理论及案例探索性分析研究方法，深入探讨代工企业功能升级的影响因素及其推动力与功能升级的动态演化关系；关注不同类型的代工企业功能升级的影响因素及升级需求，加强政策制定的针对性和有效性。上述这些研究对深化代工企业功能升级具有重要的理论意义和现实意义，是值得深入探讨的重要议题。

中国代工企业全球价值链
高端攀升的机理调查问卷

尊敬的先生/女士，您好！

非常感谢您参与本次学术问卷调查，问卷调查所获得的内容用于纯学术研究，我们会对所有信息予以保密，请您放心填写。本次问卷调查的目的是研究推动我国代工企业升级的动力及政策因素，您所提供的信息对本研究具有重要的作用，问卷填空内容的真实性决定了本研究的最终结果，请您根据实际情况填写最符合企业升级情况的选项。资料填写过程中，如果对某些问题、项目存在疑义，可随时与我们联系。如果您对本研究结果感兴趣，请留下您的联系方式，我们会在研究完成后把研究结论摘要发您，以表谢意。

万分感谢您的支持与配合，祝贵企业事业蒸蒸日上，您工作愉快，宏图大展！

第一部分 企业基本信息

请您根据实际情况选取与贵企业最符合的选项，在相应选项"□"上打"√"，问题为单选题。

1. 贵企业所属行业类型（ ）

□劳动密集型行业　□资本密集型行业　□技术密集型行业　□其他（请填写具体行业）

2. 贵企业的所有权性质（ ）

□国有企业　　　　□中外合资或外商投资

□民营企业　　　　□其他

3. 贵企业现有员工人数为（　　）

□50 人及以内　　　□51~500 人　　　□501~1000 人

□1001~5000 人　　□5001 人及以上

4. 贵企业成立年限（　　）

□5 年及以内　　　　□6~10 年　　　　□11~20 年

□21~50 年　　　　　□51 年及以上

5. 2016 年企业研发费占当年销售总额的比例为（　　）

□1%及以下　　　　□2%~4%　　　　　□5%~7%

□8%~10%　　　　　□11%及以上

6. 贵公司拥有产品品牌的数量（　　）

□无　　　　　　　　□1 个　　　　　　□2~3 个

□4 个以上

7. 您在贵企业的职位（　　）

□股东、董事　　　　□高级管理人员　　□中层管理人员

□一般管理人员　　　□技术人员　　　　□普通人员

□其他

填写说明：下列每个题项均由 1~7 个等级构成，不同的数字代表题项的内容与贵企业实际情况的符合程度，根据贵企业的实际情况，请在该题项相应数字上打"√"，每个问题均为单选题。

第二部分　代工企业升级推动力

选择项含义：1-非常不符合，2-比较不符合，3-稍微不符合，4-一般，5-稍微符合，6-比较符合，7-非常符合

8. 技术力（Technical Capabilities）								
TC01	贵企业非常重视知识产权对企业技术能力的提升	1	2	3	4	5	6	7
TC02	贵企业已经申请相关专业领域的专利	1	2	3	4	5	6	7

选择项含义：1-非常不符合，2-比较不符合，3-稍微不符合，4-一般，5-稍微符合，6-比较符合，7-非常符合

TC03	贵企业通过技术标准的竞争来获取企业的竞争优势	1	2	3	4	5	6	7
TC04	相关产业的知识产权制度推动了贵企业的自主创新发展	1	2	3	4	5	6	7
TC05	贵公司组建或加入了相关专利联盟组织	1	2	3	4	5	6	7
TC06	贵公司积极主持或参与国际、国内行业标准的制定	1	2	3	4	5	6	7
TC07	贵公司常常在行业内领先推出新产品、服务	1	2	3	4	5	6	7
TC08	贵企业的核心技术在行业中有竞争力、影响力	1	2	3	4	5	6	7
TC09	贵公司拥有生产或提供主导产品或服务的互补性资源	1	2	3	4	5	6	7
TC10	贵企业根据客户需要改善产品生产、工艺流程	1	2	3	4	5	6	7

9. 市场力（Marketing Capabilities）

MC01	贵企业具有领先于竞争对手的市场研究能力	1	2	3	4	5	6	7
MC02	贵企业新产品开发与客户匹配的程度较高	1	2	3	4	5	6	7
MC03	贵企业在行业中具有单独或联合定价权	1	2	3	4	5	6	7
MC04	贵企业通过合作、联盟等形式构建营销核心能力	1	2	3	4	5	6	7
MC05	贵企业市场管理创新的水平高于竞争者	1	2	3	4	5	6	7
MC06	贵企业居于渠道领导地位	1	2	3	4	5	6	7
MC07	贵企业的产品在同类产品中占有市场份额较大	1	2	3	4	5	6	7
MC08	贵企业会影响到竞争者营销策略的制定	1	2	3	4	5	6	7

10. 品牌力（Brand Capabilities）

BC01	贵企业品牌声誉高，受消费者推崇	1	2	3	4	5	6	7
BC02	贵企业具有统一品牌定位	1	2	3	4	5	6	7
BC03	贵企业品牌消费者的溢价支付意愿	1	2	3	4	5	6	7
BC04	贵企业具有独特的品牌形象	1	2	3	4	5	6	7
BC05	贵企业品牌越来越受欢迎	1	2	3	4	5	6	7
BC06	贵企业为某产品大类中的领导者	1	2	3	4	5	6	7
BC07	贵企业因为创新而受到欢迎	1	2	3	4	5	6	7
BC08	贵企业品牌提供的产品物有所值	1	2	3	4	5	6	7

第三部分　中间变量

选择项含义：1-非常不符合，2-比较不符合，3-稍微不符合，4-一般，5-稍微符合，6-比较符合，7-非常符合

11. 信任关系（Trust Relations）

TR01	企业与合作者保持良好的信任关系和合作机制	1	2	3	4	5	6	7
TR02	企业与合作者之间经常交流信息和资源	1	2	3	4	5	6	7
TR03	与合作者之间经常开展合作项目，解决关键问题	1	2	3	4	5	6	7
TR04	愿意与合作者共享信息和资源	1	2	3	4	5	6	7
TR04	企业与合作者之间经常交流信息和资源	1	2	3	4	5	6	7
TR05	本企业一直严格履行合同职责	1	2	3	4	5	6	7
TR06	本企业对口头协定向来言出必行	1	2	3	4	5	6	7
TR07	本企业能根据客户要求及时提供服务	1	2	3	4	5	6	7

12. 制度环境（Institutional Environment）

IE01	政府减轻企业税外负担	1	2	3	4	5	6	7
IE02	放宽审批、配额、许可证等限制，简化程序	1	2	3	4	5	6	7
IE03	市场中介组织的发展对企业的帮助较大	1	2	3	4	5	6	7
IE04	产品市场的发育程度较好	1	2	3	4	5	6	7
IE05	要素市场的发育程度较好	1	2	3	4	5	6	7
IE06	拓宽融资渠道、提供贷款优惠、保险以及风险控制	1	2	3	4	5	6	7
IE07	给予免税、减税、贴息等优惠	1	2	3	4	5	6	7
IE08	建立和完善人才教育培训体系	1	2	3	4	5	6	7
IE09	制定符合本国创新标准并与国际接轨的技术标准	1	2	3	4	5	6	7
IE10	培育创新文化，形成支持创新创业的社会氛围	1	2	3	4	5	6	7
IE11	法律系统能有效保证商业合同的履行	1	2	3	4	5	6	7

13. 核心能力（Core Capabilities）

CC01	贵企业形成了成熟的核心能力	1	2	3	4	5	6	7
CC02	贵企业的核心能力逐渐增强	1	2	3	4	5	6	7
CC03	贵企业员工了解企业的核心能力，并愿意保护与强化	1	2	3	4	5	6	7
CC04	贵企业核心能力在专业领域内处于领先地位	1	2	3	4	5	6	7
CC05	贵企业的核心能力是多种能力的组合	1	2	3	4	5	6	7
CC06	贵企业具有提升核心能力的架构能力（整合能力）	1	2	3	4	5	6	7
CC07	贵企业具有提升核心能力的元件能力（职能能力）	1	2	3	4	5	6	7

第四部分　代工企业功能升级

选择项含义：1-非常不符合，2-比较不符合，3-稍微不符合，4-一般，5-稍微符合，6-比较符合，7-非常符合

	14. 功能升级（Function Upgrading）							
FU01	公司扩大了研发和市场部门	1	2	3	4	5	6	7
FU02	产品研发所应用的技术不断增多	1	2	3	4	5	6	7
FU03	拥有自身的核心技术	1	2	3	4	5	6	7
FU04	通过专门的职能部门，推出和加强了新产品的开发	1	2	3	4	5	6	7
FU05	产品开发和设计能力得到了提高	1	2	3	4	5	6	7
FU06	与供应商或者客户协同开发新产品	1	2	3	4	5	6	7
FU07	公司具有专门进行品牌推广的部门或职能	1	2	3	4	5	6	7
FU08	成功向市场推出新产品的速度提高了	1	2	3	4	5	6	7
FU09	贵公司在终端客户市场有一定的影响力	1	2	3	4	5	6	7
FU10	贵公司具备完整的营销能力改善顾客满意度	1	2	3	4	5	6	7

问卷到此结束，谢谢您的配合！

参考文献

［1］保罗·克鲁格曼，茅瑞斯·奥伯斯法尔．国际经济学［M］．海文等译．北京：中国人民大学出版社，2002．

［2］蔡丹红．从产品力竞争到品牌力竞争的发展规律探讨［J］．品牌研究，2017（2）：81-85．

［3］曹虹剑，张建英，刘丹．模块化分工、协同与技术创新——基于战略性新兴产业的研究［J］．中国软科学，2015（7）：100-110．

［4］曹勇，赵莉．专利获取、专利保护、专利商业化与技术创新绩效的作用机制研究［J］．科研管理，2013，34（8）：42-52．

［5］查日升．全球价值链治理的影响因素与政府作用机理［J］．宏观经济研究，2016（6）：49-57．

［6］陈炳辉．福柯的权力观［J］．厦门大学学报（哲学社会科学版），2002（4）：84-90．

［7］陈虹，杨雅程，雷家骕．基于科学的企业演化的理论模型［J］．科学学研究，2019，37（7）：1268-1276．

［8］陈怀超，范建红．制度距离构成维度的厘定和量表开发［J］．管理评论，2014（9）：69-77+159．

［9］程大中．中国参与全球价值链分工的程度及演变趋势——基于跨国投入—产出分析［J］．经济研究，2015，50（9）：4-16+99．

［10］程虹，刘三江，罗连发．中国企业转型升级的基本状况与路径选择——基于570家企业4794名员工入企调查数据的分析［J］．管理世

界，2016（2）：57-70.

［11］程惠芳，丁小义，翁杰．国际产品内分工模式对中国工业部门收入分配格局的影响研究［J］．中国工业经济，2014（7）：58-70.

［12］池仁勇，胡淑静．技术先进性、品牌、网络化水平与市场势力：浙江产品实证［J］．科技管理研究，2012，32（24）：61-63.

［13］大卫·阿克．创建强势品牌［M］．北京：中国劳动保障出版社，2005.

［14］戴翔，李洲．全球价值链下中国制造业国际竞争力再评估——基于 Koopman 分工地位指数的研究［J］．上海经济研究，2017（8）：89-100.

［15］戴翔，张二震．我国利用外资低端现象的形成、突破与对策［J］．江苏行政学院学报，2012（4）：50-56.

［16］戴艳清，郭伟玲．浅论信息资源共享系统的战略协同机制［J］．国家图书馆学刊，2011，22（4）：39-44.

［17］戴勇，肖丁丁．从制造到研发、设计与品牌的企业功能升级策略研究［J］．暨南大学学报（哲学社会科学版），2011（3）：38-45.

［18］戴月明，杨浩．企业文化力的界定与构成［J］．经济论坛，2007（19）：77-79.

［19］党兴华，查博．知识权力对技术创新网络治理绩效的影响研究［J］．管理学报，2011，8（8）：1183-1189.

［20］邓智团．网络权变、产业升级与城市转型发展——供给侧结构性改革视角下上海传统产业的创新实践［J］．城市发展研究，2016，23（5）：105-112.

［21］丁小义，程惠芳．高、低端型产品内国际分工模式变迁及驱动因素分析［J］．数量经济技术经济研究，2018，35（9）：78-95.

［22］丁志卿，吴彦艳．我国汽车产业升级的路径选择与对策建议——基于全球价值链的研究视角［J］．社会科学辑刊，2009（1）：104-107.

［23］董颖．企业生态创新的机理研究［D］．浙江大学硕士学位论文，2011.

［24］杜栋．协同、协同管理与协同管理系统［J］．现代管理科学，2008（2）：92-94.

［25］杜宇玮，熊宇．市场需求与中国制造业代工超越——基于 GVC 与 NVC 的比较分析［J］．产业经济研究，2011（2）：36-42.

［26］杜宇玮．国际代工的锁定效应及其超越［D］．南京大学博士学位论文，2011.

［27］范爱军，高敬峰．产品内分工视角下的中国制造业比较优势分析［J］．国际经贸探索，2008（3）：4-9.

［28］范秀成．论西方跨国企业品牌管理的战略性调整［J］．外国经济与管理，2000（10）：30-37.

［29］方刚．网络能力结构及对企业创新绩效作用机制研究［J］．科学学研究，2011，29（3）：461-470.

［30］冯晓青．企业知识产权战略初论［J］．湘潭大学学报（社会科学版），2000（5）：177-182.

［31］弗里克，U.，孙进．质性研究导引［M］．重庆：重庆大学出版社，2011.

［32］高俊光．面向技术创新的技术标准形成路径实证研究［J］．研究与发展管理，2012，24（1）：11-17.

［33］郭斌，蔡宁．企业核心能力审计：指标体系与测度方法［J］．系统工程理论与实践，2001（9）：7-15.

［34］郭汉尧．品牌力：世界知名品牌案例解析［M］．北京：中国纺织出版社，2015.

［35］何云，陈增祥．要素品牌战略及理论研究评述［J］．品牌研究，2016（1）：6-14.

［36］侯杰泰，温忠麟，成子娟．结构方程模型及其应用［M］．北京：经济科学出版社，2004.

［37］胡大立，刘丹平．中国代工企业全球价值链"低端锁定"成因及其突破策略［J］．科技进步与对策，2014，31（23）：77-81．

［38］胡大立，我国产业集群全球价值链"低端锁定"的诱因及其突围［J］．现代经济探讨，2013（2）：23-26．

［39］胡大立，伍亮．技术势力、市场势力与战略性新兴产业高端化发展研究［J］．科技进步与对策，2016，33（22）：50-55．

［40］胡军，陶锋，陈建林．珠三角 OEM 企业持续成长的路径选择——基于全球价值链外包体系的视角［J］．中国工业经济，2005（8）：42-49．

［41］胡辛欣．企业组织规模膨胀与国际化［J］．当代经济，2010（9）：58-60．

［42］胡昭玲，张咏华．中国制造业国际分工地位研究——基于增加值贸易的视角［J］．南开大学学报（哲学社会科学版），2015（3）：149-160．

［43］花建锋，刘媛媛，郑春东．品牌强度对消费者评价品牌延伸的影响——基于知名度、美誉度、信任度的研究［J］．中南林业科技大学学报（社会科学版），2014（3）：63-67．

［44］黄继泽，刘国建．论企业的技术权力［J］．广东工业大学学报（社会科学版），2010，10（1）：49-54．

［45］黄津孚．资源、能力与核心竞争力［J］．经济管理，2001（20）：4-9．

［46］江静，刘志彪．全球化进程中的收益分配不均与中国产业升级［J］．经济理论与经济管理，2007（7）：26-32．

［47］姜劲，孙延明．代工企业外部社会资本、研发参与和企业升级［J］．科研管理，2012（5）：47-55．

［48］荆林波，袁平红．全球价值链变化新趋势及中国对策［J］．管理世界，2019，35（11）：72-79．

［49］景秀艳，曾刚．从对称到非对称：内生型产业集群权力结构演

化及其影响研究 ［J］．经济问题探索，2006（10）：41-44.

［50］景秀艳，曾刚．全球与地方的契合：权力与生产网络的二维治理 ［J］．人文地理，2007（3）：22-27.

［51］康凯，魏旭光，张敬，张志颖．全球价值链技术权力对企业竞争优势影响——突破式创新中介性调节效应 ［J］．科学学与科学技术管理，2016，37（3）：116-124.

［52］康志勇，张杰．制度缺失、行为"扭曲"与我国自主创新动力不足 ［J］．现代经济探讨，2009（3）：76-80.

［53］孔宪香．创新型人力资本分类研究 ［J］．科技管理研究，2009（7）：328-330.

［54］黎峰．国际分工新趋势与中国制造全球价值链攀升 ［J］．江海学刊，2019（3）：80-85+254.

［55］李凡，李娜，刘沛罡．中印技术创新政策演进比较研究——基于目标、工具和执行的定量分析 ［J］．科学学与科学技术管理，2015（10）：23-31.

［56］李桂华，黄磊，卢宏亮．代工专用性投资、竞争优先权与自有品牌战略 ［J］．南开管理评论，2013，16（6）：28-37.

［57］李国学．贸易战的理论逻辑及其应对：全球生产网络视角 ［J］．学海，2019（5）：140-146.

［58］李建军．产品内分工、产业转移与中国产业结构升级——兼论产业耦合转移背景下中国加工贸易升级 ［J］．理论导刊，2012（3）：86-89.

［59］李磊，何青松．中国企业逆向 OFDI 促进市场势力构建的机制分析 ［J］．经济体制改革，2012（5）：93-97.

［60］李丽华．嵌入全球价值链的企业功能升级的影响因素：基于浙江纺织服装企业的实证研究 ［D］．浙江工商大学博士学位论文，2010.

［61］李青，涂剑波．我国企业技术创新对自主品牌建设的影响研究 ［J］．北京理工大学学报（社会科学版），2008（4）：15-19.

〔62〕李清政，白戈，于建原，李永强．营销能力与创新关系实证研究〔J〕．中国软科学，2011（1）：135-141.

〔63〕李任越．市场势力、治理结构优化与浙江传统产业功能升级〔D〕．浙江工商大学博士学位论文，2010.

〔64〕李诗田，邱伟年．政治关联、制度环境与企业研发支出〔J〕．科研管理，2015（4）：56-64.

〔65〕李曙华．从系统论到混沌学〔M〕．南宁：广西师范大学出版社，2002.

〔66〕李天健，刘中显．新时代全面开放下产业发展的使命和任务〔J〕．宏观经济管理，2019（11）：12-17.

〔67〕李维安，王辉．企业家创新精神培育：一个公司治理视角〔J〕．南开经济研究，2003（2）：56-59.

〔68〕李晓凤，佘双好．质性研究方法〔M〕．武汉：武汉大学出版社，2006.

〔69〕李晓钟，张小蒂．外商直接投资对我国技术创新能力影响及地区差异分析〔J〕．中国工业经济，2008（9）：77-87.

〔70〕李振华，赵寒，吴文清．在孵企业关系社会资本对创新绩效影响——以资源获取为中介变量〔J〕．科学学与科学技术管理，2017（6）：144-156.

〔71〕梁正．从科技政策到科技与创新政策——创新驱动发展战略下的政策范式转型与思考〔J〕．科学学研究，2017（2）：170-176.

〔72〕林兰，曾刚．企业网络中技术权力现象研究评述〔J〕．人文地理，2010，25（3）：16-19+61.

〔73〕林正刚，周碧华．企业战略协同理论国外研究综述〔J〕．科技管理研究，2011，31（21）：189-192.

〔74〕刘爱玉．组织化脆弱就业——以大上海地区服装加工业为例〔J〕．社会发展研究，2017，4（2）：1-22+242.

〔75〕刘凤朝，孙玉涛．我国科技政策向创新政策演变的过程、趋势

与建议——基于我国 289 项创新政策的实证分析［J］．中国软科学，2007（5）：34-42.

［76］刘光明．企业文化［M］．北京：经济管理出版社，2006.

［77］刘华军．企业增长的动态理论——品牌模型及其应用［J］．当代财经，2006（9）：58-64.

［78］刘林青，谭力文，施冠群．租金、力量和绩效——全球价值链背景下对竞争优势的思考［J］．中国工业经济，2008（1）：50-58.

［79］刘林青，谭力文．产业国际竞争力的二维评价——全球价值链背景下的思考［J］．中国工业经济，2006（12）：37-44

［80］刘胜，陈秀英．"机器换人"能否成为全球价值链攀升新动力？［J］．经济体制改革，2019（5）：179-186.

［81］刘世俊．论技术锁定与反锁定［J］．经济论坛，2006（5）：32-34.

［82］刘志彪，张杰．从融入全球价值链到构建国家价值链：中国产业升级的战略思考［J］．学术月刊，2009，41（9）：59-68.

［83］刘志彪，张杰．全球代工体系下发展中国家俘获型网络的形成、突破与对策——基于 GVC 与 NVC 的比较视角［J］．中国工业经济，2007（5）：39-47.

［84］刘志彪．全球化背景下中国制造业升级的路径与品牌战略［J］．财经问题研究，2005（5）：25-31.

［85］刘志彪．全球化中我国制造业升级的路径与品牌战略［C］．厦门大学宏观经济研究中心授牌仪式暨"转轨时期中国宏观经济理论与政策"学术研讨会论文集，2005.

［86］刘志彪．中国沿海地区制造业发展：国际代工模式与创新［J］．南开经济研究，2005（5）：39-46+60.

［87］卢锋．产品内分工［J］．经济学（季刊），2004（4）：55-82.

［88］卢宏亮，李桂华．基于 B2B2C 视角的 B2B 品牌资产影响因素研究［J］．当代财经，2014（6）：75-86.

［89］陆颢．全球价值链重构的新特征与中国企业价值权力争夺
［J］．企业经济，2017，36（4）：131-135.

［90］陆克斌，郭伟．产业集群技术创新与知识市场的协同关系研究
［J］．科研管理，2010，31（3）：35-43.

［91］陆力斌，许秀珍．品牌强度评估的指标体系及方法［J］．商场
现代化，2009（11）：118-120.

［92］陆园园，薛镭．企业转型中的环境—战略协同演进——基于中
国9个重要机床企业的案例研究［J］．科学学与科学技术管理，2010，31
（9）：151-157.

［93］吕越，陈帅，盛斌．嵌入全球价值链会导致中国制造的"低端
锁定"吗？［J］．管理世界，2018，34（8）：11-29.

［94］罗宏，陈燕．核心能力、财务核心能力与企业价值创造［J］.
商业研究，2005（2）：1-3.

［95］马海燕，李世祥．代工企业和国际品牌客户相互依赖性的实证
研究［J］．管理学报，2015，12（10）：1562-1570.

［96］毛蕴诗，姜岳新，莫伟杰．制度环境、企业能力与OEM企业升
级战略——东菱凯琴与佳士科技的比较案例研究［J］．管理世界，2009
（6）：135-145+157.

［97］毛蕴诗，刘富先，李田．企业升级路径测量量表开发［J］．华
南师范大学学报（社会科学版），2016（3）：103-117+192.

［98］毛蕴诗，吴瑶，邹红星．我国OEM企业升级的动态分析框架与
实证研究［J］．学术研究，2010（1）：63-69+77+160.

［99］毛蕴诗，郑泳芝，叶智星．从ODM到OBM升级的阶段性选择
［J］．技术经济与管理研究，2016（2）：45-51.

［100］梅丽霞，王缉慈．权力集中化、生产片断化与全球价值链下本
土产业的升级［J］．人文地理，2009（4）：32-37.

［101］倪红福．全球价值链位置测度理论的回顾和展望［J］．中南
财经政法大学学报，2019（3）：105-117+160.

［102］聂清凯，赵庆．企业文化力内涵、生成与功能体系研究综述及其展望［J］．外国经济与管理，2008（11）：51-56+65.

［103］聂正安，钟素芳．知识转移、网络嵌入与国际代工企业成长［J］．经济地理，2010（6）：970-975.

［104］潘开灵，白列湖．管理协同机制研究［J］．系统科学学报，2006（1）：45-48.

［105］庞小伟．品牌建设基本知识：品牌力的概念［EB/OL］．https：//www.globrand.com/2003/169.shtml.

［106］裴秋蕊．我国出口型代工中小企业升级路径研究——基于互联网经济时代全球价值链视角［J］．国际商务（对外经济贸易大学学报），2017（2）：143-152.

［107］彭绍仲．全球商品链的内在动力机制与外部结构均衡［J］．中国工业经济，2006（1）：56-63.

［108］齐庆祝．企业能力的维度、层次及层次演进研究［D］．天津大学博士学位论文，2004.

［109］秦津娜，丁慧平，邓超．基于资源协同的企业能力提升机理研究［J］．北京交通大学学报（社会科学版），2012，11（2）：66-71.

［110］秦兴俊，王柏杰．产品内分工、加工贸易与我国对外贸易结构升级［J］．国际经贸探索，2014，30（7）：37-46.

［111］秦玥．政治关系、制度环境与公司业绩［D］．西南财经大学博士学位论文，2014.

［112］邱斌，叶龙凤，孙少勤．参与全球生产网络对我国制造业价值链提升影响的实证研究——基于出口复杂度的分析［J］．中国工业经济，2012（1）：57-67.

［113］任志成，戴翔．产品内分工、贸易自由化与中国产业出口竞争力［J］．国际贸易问题，2014（4）：23-32.

［114］任宗强．基于创新网络协同提升企业创新能力的机制与规律研究［D］．浙江大学博士学位论文，2012.

［115］荣泰生．AMOS 与研究方法［M］．重庆：重庆大学出版社，2010．

［116］沈梓鑫，贾根良．增加值贸易与中国面临的国际分工陷阱［J］．政治经济学评论，2014，5（4）：165-179．

［117］盛斌．中国对外贸易政策的政治经济分析［M］．上海：上海人民出版社，2002．

［118］石林芬，唐力文．贸易自由化进程中的技术垄断策略［J］．科学学与科学技术管理，2003（2）：65-67．

［119］史卫，张学志，苏良军．经验效应和规模效应——中国民营企业劳动生产率的实证研究［J］．广东社会科学，2010（5）：44-50．

［120］宋华，刘林艳．服务主导型供应链中互动模型与协同价值创造——基于方兴物流的案例研究［J］．管理案例研究与评论，2011，4（5）：342-351．

［121］宋艳丽，王九云，成立为．中间品技术溢出双门槛效应分析——基于中低技术产业公司规模的视角［J］．科技进步与对策，2012（15）：56-60．

［122］宋渊洋，刘飔．中国各地区制度环境测量的最新进展与研究展望［J］．管理评论，2015（2）：3-12．

［123］宋耘，王婕．企业能力对企业自主品牌升级的影响研究——基于广东省制造业企业的调查分析［J］．广东财经大学学报，2017，32（3）：85-98．

［124］苏丹妮，盛斌，邵朝对．国内价值链、市场化程度与经济增长的溢出效应［J］．世界经济，2019，42（10）：143-168．

［125］孙国辉，梁渊，李季鹏，鲁梦宇．社会认知理论视角下区域刻板印象的形成机制研究——基于深度访谈和扎根理论的数据分析［J］．中央财经大学学报，2019（1）：118-128．

［126］孙曰瑶．自主创新的品牌经济学研究［J］．中国工业经济，2006（4）：59-65．

［127］田凤权．创建和提升 B2B 企业品牌价值的思路［J］．经济研究导刊，2012（17）：154-156.

［128］汪斌，侯茂章．经济全球化条件下的全球价值链理论研究［J］．国际贸易问题，2007（3）：92-97.

［129］汪克强，古继宝．企业知识管理［M］．合肥：中国科学技术大学出版社，2005.

［130］王伯鲁．技术权力问题解析［J］．科学技术哲学研究，2013，30（6）：41-45

［131］王春晓，刘润刚．权力感对独特性消费行为的影响及机制研究［J］．品牌，2016（3）：51-58.

［132］王分棉，程立茹，王建秀．知识产权保护、技术创新与品牌成长——基于门槛面板回归分析［J］．北京工商大学学报（社会科学版），2015，30（4）：102-109.

［133］王国顺等．企业理论：能力理论［M］．北京：中国经济出版社，2006.

［134］王海忠，刘红艳．品牌杠杆——整合资源赢得品牌领导地位的新模式［J］．外国经济与管理，2009（5）：23-29+37.

［135］王俊，刘东．摆脱代工企业创新困境的社会网络论分析——基于温州打火机产业的案例研究［J］．商业经济与管理，2010（5）：55-61+70.

［136］王俊峰，程天云．技术创新对品牌价值影响的实证研究［J］．软科学，2012，26（9）：10-14.

［137］王雷．全球价值链框架下跨国企业的"纵向控制"策略及突破路径研究——以晋江鞋业集群为例［J］．经济体制改革，2010（5）：62-66.

［138］王生辉，孙国辉．全球价值链体系中的代工企业组织学习与产业升级［J］．经济管理，2009，31（8）：39-44.

［139］王晓晴．基于市场力的品牌竞争力评价［J］．中国城市经

济，2011（5）：54-55.

［140］王新新. 3.0时代的品牌管理［J］. 品牌研究，2016（2）：33-39.

［141］王益民，赵志彬，徐猛. 链内攀升与跨链嵌入：EMS企业动态能力协同演化——基于Sanmina公司的纵向案例研究［J］. 管理评论，2019，31（1）：279-292.

［142］王毅，陈劲，许庆瑞. 企业核心能力：理论溯源与逻辑结构剖析［J］. 管理科学学报，2000（3）：24-32+43.

［143］王毅. 我国企业核心能力实证研究［J］. 管理科学学报，2002（2）：74-82.

［144］王云杰，郭伟，王建东. 企业核心能力评价模型的构建与实证研究［J］. 技术与创新管理，2006（5）：86-88.

［145］王铮. 企业技术创新与品牌营销关系研究［D］. 华侨大学博士学位论文，2013.

［146］王智宁，吴应宇，叶新凤. 网络关系、信任与知识共享——基于江苏高科技企业问卷调查的分析［J］. 研究与发展管理，2012（2）：47-57.

［147］魏江，黄学，刘洋. 基于组织模块化与技术模块化"同构/异构"协同的跨边界研发网络架构［J］. 中国工业经济，2014（4）：148-160.

［148］魏江，许庆瑞. 企业技术能力与技术创新能力之关系研究［J］. 科研管理，1996（1）：22-26.

［149］魏江，叶学锋. 基于模糊方法的核心能力识别和评价系统［J］. 科研管理，2001（2）：96-103.

［150］温忠麟，侯杰泰，张雷. 调节效应与中介效应的比较和应用［J］. 心理学报，2005（2）：268-274.

［151］温忠麟，张雷，侯杰泰等. 中介效应检验程序及其应用［J］. 心理学报，2004，36（5）：614-620.

［152］文军，蒋逸民．质性研究概论［M］．北京：北京大学出版社，2010.

［153］吴波，李生校．全球价值链嵌入是否阻碍了发展中国家集群企业的功能升级？——基于绍兴纺织产业集群的实证研究［J］．科学学与科学技术管理，2010（8）：60-65.

［154］吴菲菲，米兰，黄鲁成．基于技术标准的企业多主体竞合关系研究［J］．科学学研究，2019，37（6）：1043-1052.

［155］吴际．HEM 企业组织创新与技术创新协同机制及演化动力机理［D］．哈尔滨工业大学博士学位论文，2013.

［156］吴解生．本土企业全球价值链"低环嵌入"的可能前景与决定因素［J］．经济问题探索，2008（5）：113-117.

［157］吴明隆．结构方程模型：AMOS 的操作与应用［M］．重庆：重庆大学出版社，2009.

［158］夏雪花，宫义飞，吴国灿．顾客满意度、产品市场竞争与企业财务业绩——来自中国上市公司的经验证据［J］．财会月刊，2016（32）：45-49.

［159］肖刚，杜德斌．跨国企业在华研发机构角色演化研究［J］．当代财经，2014（1）：69-77

［160］肖志雄．信任关系对知识吸收能力影响的实证研究［J］．图书馆学研究，2015（13）：96-102.

［161］熊彬，范亚亚．价值链嵌入形式、制度质量与国际分工地位——基于中国—中南半岛经济走廊国家的面板数据分析［J］．哈尔滨商业大学学报（社会科学版），2019（5）：23-34.

［162］熊英，马海燕，刘义胜．全球价值链、租金来源与解释局限——全球价值链理论新近发展的研究综述［J］．管理评论，2010，22（12）：120-125.

［163］徐雨森．基于知识产权战略的工业企业核心能力培育［J］．研究与发展管理，2003（1）：69-73.

［164］徐中，姜彦福，谢伟，林嵩．创业企业架构能力、元件能力与绩效关系实证研究［J］．科学学研究．2010（5）：3-4.

［165］闫国庆，孙琪，仲鸿生，赵娜，荆娴．我国加工贸易战略转型及政策调整［J］．经济研究，2009，44（5）：66-78.

［166］杨桂菊，程兆谦，侯丽敏，李斌．代工企业转型升级的多元路径研究［J］．管理科学，2017，30（4）：124-138.

［167］杨桂菊．本土代工企业竞争力构成要素及提升路径［J］．中国工业经济，2006（8）：22-28.

［168］杨桂菊．本土代工企业自创国际品牌——演进路径与能力构建［J］．管理科学，2009，22（6）：38-45.

［169］杨桂菊．代工企业转型升级：演进路径的理论模型——基于3家本土企业的案例研究［J］．管理世界，2010（6）：132-142.

［170］杨海儒，蔡婧菁，郭磊．企业家精神研究现状及新视角下研究的未来展望［J］．管理现代化，2017，37（2）：127-129.

［171］杨水利，杨祎．技术创新模式对全球价值链分工地位的影响［J］．科研管理，2019，40（12）：11-20.

［172］于明超．动态协同效应与代工企业升级［J］．管理观察，2008（9）：53-54.

［173］余东华，田双．嵌入全球价值链对中国制造业转型升级的影响机理［J］．改革，2019（3）：50-60.

［174］俞荣建，文凯．揭开GVC治理"黑箱"：结构、模式、机制及其影响——基于12个浙商代工关系的跨案例研究［J］．管理世界，2011（8）：142-154.

［175］俞荣建．基于共同演化范式的代工企业GVC升级机理研究与代工策略启示——基于二元关系的视角［J］．中国工业经济，2010（2）：16-25.

［176］曾刚，文嫣．全球价值链视角下的瓷砖地方产业集群发展研究［J］．经济地理，2005（4）：467-470.

［177］占明珍．市场势力研究［D］．武汉大学博士学位论文，2011.

［178］张二震，张晓磊．全球价值链、贸易增长"失速"与中国对策［J］．国际商务研究，2017，38（1）：5-18.

［179］张浩，崔丽，侯汉坡．基于协同学的企业战略协同机制的理论内涵［J］．北京工商大学学报（社会科学版），2011，26（1）：69-75.

［180］张辉．全球价值链动力机制与产业发展策略［J］．中国工业经济，2006（1）：40-48.

［181］张辉．全球价值链理论与我国产业发展研究［J］．中国工业经济，2004（5）：38-46.

［182］张杰，高德步，夏胤磊．专利能否促进中国经济增长——基于中国专利资助政策视角的一个解释［J］．中国工业经济，2016（1）：83-98.

［183］张杰，刘志彪，郑江淮．产业链定位、分工与集聚如何影响企业创新——基于江苏省制造业企业问卷调查的实证研究［J］．中国工业经济，2007（7）：47-55.

［184］张杰，周晓艳．中国本土企业为何不创新——基于市场分割视角的一个解读［J］．山西财经大学学报，2011，33（6）：82-93.

［185］张敬伟．科技型小微企业技术能力与营销能力互动关系案例研究［J］．科技进步与对策，2014，31（10）：72-77.

［186］张明之，谢浩．跨区梯度转移抑或域内产业深化——基于2003～2013年全国和长三角分区数据的产业转移分析［J］．财经论丛，2017（2）：10-17.

［187］张曙临．品牌价值的实质与来源［J］．湖南师范大学社会科学学报，2000（2）：38-42.

［188］张望．技术差距、人力资本结构与企业自主创新强度［J］．统计与信息论坛，2014（10）：58-65.

［189］张小蒂，贾钰哲．全球化中基于企业家创新的市场势力构建研究——以中国汽车产业为例［J］．中国工业经济，2011（12）：143-152.

［190］张小蒂，贾钰哲. 全球化中基于企业家创新的市场势力构建研究——以中国汽车产业为例［J］. 中国工业经济，2011（12）：143-152.

［191］张小蒂，曾可昕. 企业家资源拓展与中国比较优势内生增进［J］. 学术月刊，2013（11）：75-85.

［192］张小蒂，赵榄. 基于渠道控制的市场势力构建模式特征分析［J］. 中国工业经济，2009（2）：131-140.

［193］张旭波. 公司行为与竞争优势——评迈克尔·波特的价值链理论［J］. 国际经贸探索，1997（3）：34-37.

［194］张云逸. 基于技术权力的地方企业网络演化研究［D］. 华东师范大学博士学位论文，2009.

［195］赵爱英. 企业技术创新与品牌创建：内在联系与对策［J］. 商业研究，2008（2）：77-81.

［196］赵慧群，陈国权. 团队两种多样性、互动行为与学习能力关系的研究［J］. 中国管理科学，2010，18（2）：181-192.

［197］赵立斌. 东盟在全球产品内分工的地位与跨国企业 FDI［J］. 国际贸易问题，2012（10）：86-96.

［198］赵树宽，闫放. 从技术能力形成的角度看技术标准竞争及政策启示［J］. 情报科学，2006（6）：851-854.

［199］郑艳红，吴新年. 基于专利的企业技术竞争力评价研究进展［J］. 图书与情报，2014（4）：86-91.

［200］钟帅，章启宇. 基于关系互动的品牌资产概念、维度与量表开发［J］. 管理科学，2015（2）：69-79.

［201］朱勤. 我国电子信息业的国际市场势力：一个实证分析［J］. 国际贸易问题，2009（2）：41-47.

［202］Aaker D. A. Jacobson R. The Value Relevance of Brand Attitude in High‐Technology Markets［J］. Journal of Marketing Research，2001，38（4）：485-493.

［203］Abimbola T. Branding as a Competitive Strategy for Demand Management in SMEs〔J〕. Journal of Research in Marketing and Entrepreneurship, 2001, 3（2）: 97-106.

〔204〕Adner R. Helfat C E. Corporate Effects and Dynamic Managerial Capabilities〔J〕. Strategic Management Journal, 2003, 24（10）: 1011-1025.

〔205〕Altenburg T. Governance Patterns in Value Chains and Their Development Impact〔J〕. European Journal of Development Research, 2006, 18（4）: 7-14.

〔206〕Altshuler L., Tarnovskaya V V. Branding Capability of Technology born Globals〔J〕. Journal of Brand Management, 2010, 18（3）: 212-227.

〔207〕Asaftei G., Parmeter C F. Market Power, EU Integration and Privatization: The Case of Romania〔J〕. Journal of Comparative Economics, 2010, 38（3）: 340-356.

〔208〕Barney J. B. Strategic Factor Markets: Expectations, Luck, and Business Strategy〔J〕. Management Science, 1986（42）: 1231-1241.

〔209〕Barney J. Firm Resources and Sustained Competitive Advantage〔J〕. Journal of Management, 1991, 17（1）: 99-120.

〔210〕Barwise P., Brand Equity: Snark or Boojum?〔J〕. International Journal of Research Marketing, 1993（10）: 93-104.

〔211〕Brach J., Kappel R., Global Value Chains, Technology Transfer and Local Firm Upgrading in Non-OECD Countries, www. giga-hamburg. de/workingpapers, GIGA WP 110/2009, 2009.

〔212〕Brandow G. E. Market Power and its Sources in the Food Industry〔J〕. American Journal of Agricultural Economics, 1969（51）: 1-12.

〔213〕Cantwell J. A., Tolentino P. E. E. Technological Accumulation and Third World Multinationals, Paper Presented at the Annual Meetimg of the European International Business Association〔J〕. Antwerp, 1987（12）: 7-14.

〔214〕Colin C. J., Cheng, ja-Shen Chen. Breakthrough Innovation: The roles of Dynamic Innovation Capabilities and Open Innovation Activities

[J]. Journal of Business & Industrial Marketing, 2013, 28 (5): 444-454.

[215] Daniel J., McAllister. Affect and Cognition-Based Trust as Foundation for Interpersonal Cooperations [J]. Academy of Management Journal, 1995, 38 (1): 24-59.

[216] Danneels E. The Dynamics of Product Innovation and firm Competences [J]. Strategic Management Journal, 2002, 23 (12): 1095-1121.

[217] Day G. S., Wensley R. Assessing Advantage: A Framework for Diagnosing Competitive Superiority [J]. Journal of Marketing, 1988, 52 (2): 1-20.

[218] Eisenhardt K. M. Building Theories from Case Study Research [J]. The Academy of Management Review, 1989, 14 (4): 532-550.

[219] Eng T. Y., Spickett-Jones J. G. An Investigation of Marketing Capa Bilities and Upgrading Performance of Manufacturers in Mainland China and Hong Kong [J]. Journal of World Business, 2009, 44 (4): 463-475.

[220] Fan C., Hu Y. F. Foreign Direct Investment and Indigenous Technological Efforts: Evidence from China [J]. Economics Letters, 2007 (96): 7-14.

[221] Gereffi G., Korzeniewicz M. Eds. Commodity Chains and Global Capitalism [M]. Westport, Connecticut: Greenwood Press, 1993.

[222] Gereffi G., Korzeniewicz M. The Organization of Buyer-driven Global Commodity Chains: How U. S. Retailers Shape Overseas Production Networks [M] //G. Gereffi and M. Korzeniewicz (eds.), Commodity Chains and Global Capitalism, London: Westport CT: Praeger, 1994 (1): 95-122.

[223] Gereffi G., Lee J. Economic and Social Upgrading in Global Value Chains and Industrial Clusters: Why Governance Matters [J]. Journal of Business Ethics, 2014, 133 (1): 25-38

[224] Gereffi G. A Commodity Chains Framework for Analyzing Global Industries [R]. Working Paper for H1S, 1999.

［225］Gereffi G. Humphrey J. , Sturgeon, T. The Governance of Global value Chains ［J］.Forthcoming in Review of International Political Economy, 2003, 11（4）：5-11.

［226］Gereffi G. International Trade and Industrial Upgrading in the Apparel Commodity Chain ［J］.Journal of International Economics, 1999, 48（1）：37-70.

［227］Gibrat R. Les Ine'Galite's e'Conomiques：Applications：Aux Ine' Galite's des richesses, A'la Concentration Des Entreprises, Aux Populations Des villes, Aux Statistiques Des Familles, Etc ［M］.d "une loi nouvelle：La Loi De l" Effet Proportionnel. Paris：Sirey, 1931.

［228］Giuliani E. , Pietrobelli C. Rabellotti R. Upgrading in Global Value Chains：Lessons from Latin American clusters ［J］.World Development, 2005, 33（4）：549-573.

［229］Giuseppe C. Vertical and Horizontal Intra-industry Trade：What is the Empirical Evidence for the UK？ ［J］.CELPE Discussion Papers, 1999（49）：7-14.

［230］Glaser B G, Strauss A L. The Discovery of Grounded Theory：Strategies for Qualitative Research ［M］.Chicago：Aldine Publishing Company, 1967.

［231］Greenaway D. , Hine, R. , Milner, C. Vertical and Horizontal Intra-industry Trade：A Cross Industry Analysis for the UK ［J］.The Economic Journal, 1995（105）：1505-1518.

［232］Gronroos C. From Marketing Mix to Relationship Marketing ［J］. Management Decision, 1997, 35（3/4）：322-339.

［233］Hamel G. The Concept of Core Competence ［M］.New York：John W Iley & Sons, 1994.

［234］Hart O. Firms, Contraets, and Financial Structure ［M］. Oxford：Oxford University Press, 1995.

［235］Hobday M. East Asian Latecomer Firms：Learning the Technology of

Electronics ［J］. World Development, 1995a, 23 (7): 1171-1193.

［236］ Hobday M. Innovation in East Asia: The Challenge to Japan ［M］. Cheltenham, UK: Edward Elgar Publishing, 1995.

［237］ Hopkins T. , Wallerstein I. Commodity Chains in the World Economy Prior to 1800 ［J］. Review, 1986, 10 (1): 157-170.

［238］ Howard D. , David K. Up-Grading and Performance: The Role of Design, Technology and Business Strategy in Hong Kong's Electronics Industry ［J］. Asia Pacific J Manage, 2006 (23): 255-282.

［239］ Humphrey J. , Schmitz H. How does Insertion in Global Value Chains affect Upgrading in Industrial Clusters ［J］. Regional Studies, 2002, 9 (36): 1017-1027.

［240］ Humprey J. Schmitz H. Governance and Upgrading: Linking Industrial Cluster and Global Value Chain Research ［J］. IDS Working Paper120, Institute of Development Studies, 2000: 4-5.

［241］ Jack S. L. , Anderson A R. The Effects of Embeddedness on the Entrepreneurial Process ［J］. Journal of Business Venturing, 2002, 17 (5): 467-487.

［242］ Jao Y. W. The Determinants of Capability Acquisition Through Cross-border Strategic Alliances: A Study of Taiwan Contract Manufacturing Projects ［J］. Academy of Management Review, 1999 (5): 7-14.

［243］ Johnson R. Measuring Global Value Chains ［R］. Nber Working Papers, 2017.

［244］ Kamal S. Market Power in the Global Economy: The Exhaustion and Protection of Intellectual Property ［J］. The Economic Journal, 2012, 123 (3): 131-161.

［245］ Kaplan S. , Vakili K. The Double-Edged Sword Of Recombination In Breakthrough Innovation ［J］. Strategic Management Journal, 2015, 36 (10): 1435-1457.

［246］Kaplinsky R. , Morris M. a Handbook for Value Chain Research Prepared for the IDRC ［R］. 2001.

［247］Kaplinsky R. , Morris M. The Globalization of Product Markets and Immiserizing Growth: Lessons from the South African Furniture Industry ［J］. World Development, 2002, 30 (7): 7-14.

［248］Kaplinsky R. , Readman J. Integrating SMEs in Global Value Chains: Towards Partnership for Development ［M］. Vienna, Austria: Unido, Private Sector Development Branch, 2001.

［249］Kogut B. , Designing Global Strategies: Comparative and Competitive Value-added Chains ［J］. Sloan Management Review, 1985, 26 (4): 15-28.

［250］Lall S. Technological Change and Industrialization in the Asian Newly Industrializing Economies: Achievements and Cahllengens. Technology, Learning & Innovation ［J］. Experieces of Newly Industrializing Economies, 2000 (1): 13-68.

［251］Liu Z. Y. , Zheng X. F. The Analysis of Chinese Enterprises' Upgrading From OEM to ODM: The Opportunity Windows and Paths ［J］. Canadian Social Science, 2013, 9 (3): 1-8.

［252］Luczak C. A. In-branding: Development of a Conceptual Model ［J］. Academy of Marketing Studies Journal, 2007, 11 (2): 123-137.

［253］Luo C. , Zhang J. China Trade Policy Review: A Political Economy Approach ［J］. The World Economy, 2010, 33 (11): 1390-1413.

［254］Marshall A. Principles of Economics: An Introductory Volume ［J］. Social Science Electronic Publishing, 1920, 67 (17): 457.

［255］Memedovic O. Inserting Local Industries into Global Value Chains and Global Production Networks ［R］. UNIDO Working Paper, 2004.

［256］Meyer M H. , Utterback J M. The Product Family and the Dynamics of Core Capability ［J］. Sloan Management Review, 1993, 34 (3): 29-47.

［257］Mintzberg, H. T. The Structuring of Organizations ［M］. Englewood Cliffs, NJ: Prentice Hall, 1979.

[258] Morrison A. , Pietrobelli C. , Rabellotti R. Global Value Chains and Technological Capabilities: A Framework to Study Industrial Innovation in Developing Countries [J] . Oxford Development Studies, 2008, 36 (1): 39–58.

[259] Mudambi S. , Doyle, P. , Wong V. An Exploration of Branding in Industrial Markets [J] . Industrial Marketing Management, 1997, 26 (5): 433–446.

[260] Nooteboom B. Trust, Opportunism and Governance: A Process and Control Model [J] . Organization Studies, 1996, 17 (6): 985–1010.

[261] Otubanjo O. Lim L. A Corporate Brand in the Technology Road– Map: Sony [J] . IUP Journal of Brand Management, 2011 (8): 7–14.

[262] O' Cass A. , O' Cass A. , Viet Ngo L. Achieving customer satis Faction in Services firms Via Branding Capability and Customer Empowerment [J]. Journal of Services Marketing, 2011, 25 (7): 489–496.

[263] Pandit N R. The Creation of Theory: A Recent Application of the Grounded Theorymethod U [J] . The Qualitative Report, 1996 (4): 1–13.

[264] Patrick B. Brand Equity: Snark or Boojum? [J] . International Journal of Research in Marketing, 1993, 10 (1): 93–104.

[265] Penrose Edith T. The Theory of the Growth of the Firm [M] . New York: John Wiley. Oxford University Press, 1959.

[266] Philip K. , Waldemar P. Ingredient Branding: Making the Invisible visible [M] . New York: Springer, 2010.

[267] Pol Antràs, Chor D. On the Measurement of Upstreamness and Downstreamness in Global Value Chains [J] . NBER Working Papers, 2018 (1): 7–14.

[268] Ponte S. Governing through Quality: Conventions and Supply Relations in the Value Chain for South African Wine [J] . Sociologia Ruralis, 2009, 49 (3): 236–257.

［269］Powell W. Neither Market nor Hierarchy：Network forms of Organization ［J］. Research in Organizational Behavior, 1990, 12（3）：295-336.

［270］Prahalad C. K. , G. Hamel The Core Competence of the Corporation ［J］. Harvard Business Review, 1990, 68（3）：79-91.

［271］Pugh D. S. Organization Theory：Selected Readings ［M］. Harmondsworth：Penguin, 1990.

［272］Raykov T. On the Use of Comfirmatory Factor Analysis in Personality Research ［J］. Personality and Individual Differenees, 1998（24）：29-293.

［273］Rothwell R. Successful Industrial Innovation：Critical Factors for the 1990s ［J］. R&D Management, 1992, 22（3）：221-240.

［274］Sanchez R. Success Factors, Competitive Advantage and Competence Development ［J］. Journal of Business Research, 2004, 57（5）：518-532.

［275］Schmitz H. Local Upgrading in Global Value Chains：Recent Findings ［R］//Paper to be Presented at the DRUID Summer Conference on Industrial Dynamics, innovation and development. Elsinore, Denmark, 2004.

［276］Schumpeter J. A. Capitalism, Socialism and Democracy ［M］. New York：Harper & Brothers, 1942.

［277］Shane S. , Venkataraman S. The Promise of Entrepreneurship as a Field of Research ［J］. Academy of Management Review, 2000, 25（1）：217-226.

［278］Smith A. Power Relations, Industrial Clusters, and Regional Trans formations：Pan－European Integration and Outward Processing in the Slovak Clothing Industry ［J］. Eonomic GeograPhy, 2003（1）：17-40.

［279］Song M. , Drge C. Hanvanich S, Calantoner. Marketing and Technology Resource Complementarity：An of Their Interaction Effect in Two Environmental Contest ［J］. Strategic Managenet Jorurnal, 2005, 26（3）：259-276.

［280］ Stefano P. , Timothy J. , Sturgeon. Explaining Governance in Global Value Chains: A Modular Theory-building Effort ［J］, Review of International Political Economy, 2014, 21 (1): 195-223.

［281］ Teece D J. , Pisano G. , Shuen A. Dynamic Capabilities and Strategic Management ［J］. Strategic Management Journal, 1997, 18 (7): 509-533.

［282］ Temi A. Branding as a Competitive Strategy for Demand Management in SMEs ［J］. Journal of Research in Marketing and Entrepreneurship, 2001, 3 (2), 97-106.

［283］ Vorhies D W. , Morgan N A. Benchmarking Marketing Capabilities for Sustainable Competitive Advantage ［J］. Journal of Marketing, 2005, 69 (1): 80-94.

［284］ Webster F E. JR. Academic Papers: A Roadmap for Branding in Industrial Markets ［J］. Brand Management, 2004, 11 (5): 388-402.

［285］ Weerawardena J. The Role of Marketing Capability in Innovation-based Competitive Strategy ［J］. Journal of Strategic Marketing, 2003, 11 (1): 15-35.

［286］ Winter S. G. Understanding Dynamic Capabilities ［J］. Strategic Management Journal, 2003, 24 (10): 991-995.

［287］ Xing Y. Global Value Chains and the Missing Exports of the United States ［R］. GRIPS Discussion Papers, 2019.

［288］ Yang C. , Huang C. R&D, Size and Firm Growth in Taiwan's Electronics Industry ［J］. Small Business Economics, 2005, 25 (5): 477-487.

［289］ Yao S. , J. Zhang. Review of China's Economic Performance in 2011 (Nottingham: University of Nottingham) ［R］. 2011.

［290］ Yin R. K. Case Study Research: Design and Methods ［J］. Journal of Advanced Nursing, 2010, 44 (1): 108.

后记

一路走来，悄然间，时间已经过去了6年。这几年，虽然充满着艰辛与困难，却也收获了幸福与感动。感谢几年来给予我帮助的老师、同学、同事、朋友和家人，在每一次困难面前，在每一次要放弃的时候，是他们的支持与鼓励，让我重拾走下去的勇气和信心。

书稿是读博期间完成的，衷心感谢导师胡大立教授。胡教授治学严谨、知识渊博，平易近人、幽默风趣。在本书的写作过程中，从撰写、修改到选题、开题、写作，每一个环节胡教授都认真细致地指出问题和提出建设性的建议，为此倾注了大量的心血与智慧。感谢胡教授的指导和帮助。

衷心感谢吴照云教授、胡宇辰教授、张孝锋教授、舒辉教授、曹元坤教授、杨杰教授、王耀德教授、陈明教授、刘克春教授、黄彬云副教授，教授管理学的前沿理论和管理研究的方法。他们在学习上给我提供了非常多的帮助，他们渊博的知识和谦逊的人格给我留下深深的印象。衷心感谢熊绍辉书记、胡海波教授、杨燕老师、戴晓光老师对我学业的支持。

感谢工商管理学院同窗学习的艾志红博士、胡银花博士、杨文俊博士、祝振兵博士、缪金生博士、王彪博士，感谢难得珍贵的同窗岁月，感谢曾经的陪伴与支持，让我在人到中年时获得同学友情，祝他们工作顺利，事业有成。

最后要感谢我的家人。感谢父母，培养了我坚韧、正直的品质，祝他们健康长寿。感谢我的先生一直以来的支持，容忍我的唠叨和固执，分担我的压力和忧愁，每每在我一筹莫展的时候，给我指出一道亮光，一丝希望。也要感谢我的儿子，他已经上大学了，也从一个稚气少年长成英俊帅哥，我们度过了一生最难忘的时光。

感谢自己！感谢自己多年来的坚持与付出，一次次地在面临崩溃的时候，给予自己坚持下来的勇气和力量。

感谢南昌航空大学，本书得到了"南昌航空大学学术专著出版资助基金"的资助。